Bücherei des Marxismus-Leninismus

Friedrich Engels

Zur Bauernfrage

Dietz Verlag Berlin
1988

Der Ausgabe liegen folgende Editionsprinzipien zugrunde: Rechtschreibung und Zeichensetzung sind, soweit vertretbar, modernisiert. Der Lautstand und die Silbenzahl der Wörter wurden nicht verändert. Allgemein übliche Abkürzungen wurden beibehalten. Alle in eckigen Klammern stehenden Überschriften, Wörter und Wortteile stammen von der Redaktion. Offensichtliche Druck- oder Schreibfehler wurden stillschweigend korrigiert.

Fußnoten von Engels sind durch hochgestellte Ziffern mit Stern, Fußnoten der Redaktion durch hochgestellte Ziffern gekennzeichnet. Auf Anmerkungen der Redaktion wird durch hochstehende Ziffern in eckigen Klammern verwiesen.

Für Hinweise auf Karl Marx/Friedrich Engels: Werke, Berlin 1956 ff., wird das Sigle MEW verwendet.

Der Verlag

Engels, Friedrich: Zur Bauernfrage / Friedrich Engels. – 5. Aufl. – Berlin : Dietz Verl., 1988. – 93 S. : 4 Abb. – (Bücherei des Marxismus-Leninismus)

ISBN 3-320-01032-8

Mit 4 Abbildungen
5. Auflage 1988

Lizenznummer 1 · LSV 0036
Typographie: Horst Kinkel
Umschlag: Gerhard Schmidt
(Collage unter Verwendung der Federzeichnung »Weinende Bäuerin« von Albrecht Dürer)
Printed in the German Democratic Republic
Fotosatz: Druckerei Neues Deutschland Berlin
Druck und Bindearbeit:
LVZ-Druckerei »Hermann Duncker«, Leipzig
Best.-Nr. 735 758 4

00100

Der deutsche Bauer
Was war er? Was ist er?
Was könnte er sein?

1. [Vorbemerkung.]
   Auszug aus: Friedrich Engels: Einleitung [zur englischen Ausgabe (1892) der »Entwicklung des Sozialismus von der Utopie zur Wissenschaft«].
   Geschrieben im April 1892.
   Erstmalig veröffentlicht in: Frederick Engels: Socialism utopian and scientific. Translated by Edward Aveling. With a special introduction by the author, London 1892.
   Nach: MEW, Bd. 22, S. 291.
   Dem Text liegt die handschriftliche Übersetzung von Friedrich Engels zugrunde.

2. Der deutsche Bauer. Was war er? Was ist er? Was könnte er sein?
   Geschrieben von Mitte September bis Mitte Dezember 1882.
   Als Flugschrift erstmalig veröffentlicht Hottingen-Zürich 1883.
   Dem Text liegt die Flugschrift zugrunde.

[Vorbemerkung]

Der Anhang »Die Mark«[1] wurde in der Absicht geschrieben, in der deutschen Sozialistischen Partei einige grundlegende Kenntnisse über die Geschichte und die Entwicklung des Grundeigentums in Deutschland zu verbreiten. Das schien besonders notwendig zu einer Zeit, da sich der Einfluß dieser Partei bereits auf annähernd die gesamte städtische Arbeiterschaft erstreckte und es galt, die Landarbeiter und die Bauern zu gewinnen. Dieser Anhang wurde in die Übersetzung einbezogen, da die ursprünglichen, allen germanischen Stämmen gemeinsamen Formen des Bodenbesitzes und die Geschichte ihres Verfalls in England noch weit weniger bekannt sind als in Deutschland. Ich habe den Originaltext unverändert gelassen, also nicht Bezug genommen auf die unlängst von Maxim Kowalewski[2] aufgestellte Hypothese, der zufolge der Teilung des Acker- und Wiesenlandes unter die Mitglieder der Mark seine für gemeinsame Rechnung erfolgende Bestellung durch eine große patriarchalische Familiengemeinschaft vorausging, die mehrere Generationen umfaßte (wofür die noch heute bestehende südslawische Zádruga ein Beispiel ist), und die Teilung später erfolgte, als die Gemeinschaft so groß geworden war, daß sie für gemeinsamen Wirtschaftsbetrieb zu schwerfällig wurde. Kowalewski hat wahrscheinlich ganz recht, aber die Frage ist noch sub judice[1].

[1] nicht entschieden

Der deutsche Bauer Was war er? Was ist er? Was könnte er sein?[1]

In einem Lande wie Deutschland, wo noch ungefähr zwei Drittel der Bevölkerung vom Landbau leben, ist es notwendig, daß die sozialistischen Arbeiter und durch sie die Bauern erfahren, wie das heutige Grundeigentum, großes wie kleines, entstanden ist; notwendig, daß dem heutigen Elend der Tagelöhner und der heutigen Verschuldungsknechtschaft der Kleinbauern entgegengehalten werde das alte Gemeineigentum aller freien Männer an dem, was damals für sie in Wahrheit ein »Vaterland«, ein ererbter freier Gemeinbesitz war. Ich gebe daher eine kurze geschichtliche Darstellung jener uralten deutschen Bodenverfassung, die sich in kümmerlichen Resten bis auf unsere Tage erhalten, die aber im ganzen Mittelalter als Grundlage und Vorbild aller öffentlichen Verfassung gedient und das ganze öffentliche Leben, nicht nur in Deutschland, sondern auch in Nordfrankreich, England und Skandinavien durchdrungen hat, und die dennoch, bis auf die neueste Zeit, fast ganz in Vergessenheit geraten war.[3]

Zwei naturwüchsig entstandene Tatsachen beherrschen die Urgeschichte aller oder doch fast aller Völker: Gliederung des Volkes nach Verwandtschaft und Gemeineigentum am Grund und Boden. So war es auch bei den Deutschen. Als sie nach langen Wanderzügen vor mehr als zweitausend Jahren das Land östlich vom Rhein und nördlich von der Donau in Besitz nahmen, ließ sich dort jeder Stamm nieder nicht nach Laune oder Zufall, sondern nach der Geschlechtsverwandtschaft der Stammesglieder. Dies wird uns ausdrücklich von Cäsar berichtet, dem ersten römischen Feldherrn, der (vor etwas über 1900 Jahren) deutschen Boden betrat.[4] Den näher verwandten größeren Gruppen fiel ein bestimmter Bezirk zu, worin wieder die einzelnen, eine Anzahl Familien umfassenden Geschlechter sich dorfweise niederließen. Mehrere verwandte Dörfer bildeten eine Hundertschaft, mehrere Hundertschaften einen Gau; die Gesamtheit der Gaue war das Volk selbst. Der Boden, den die Ortschaft nicht in Beschlag nahm, blieb zur Verfügung der Hundertschaft; was dieser nicht zugeteilt war, verblieb dem Gau; was dann noch verfügbar war – meist ein sehr großer Landstrich –, blieb im unmittelbaren Besitz des ganzen Volks. So finden wir in Schweden alle diese verschiedenen Stufen von Gemeinbesitz nebeneinander. Jedes Dorf hatte Dorfgemeinland (bys allmänningar), und daneben gab es Hundertschafts- (härads), Gau- oder Landschafts- (lands) und endlich das vom König als Vertreter des ganzen Volkes in Anspruch genommene Volks-Gemeinland, hier also konungs allmänningar genannt. Aber sie alle, auch das königliche, hießen ohne Unterschied allmänningar, Allmenden, Gemeinländereien.

Eine so genaue Unterabteilung des Gemeinlandes ist in Deutschland nicht bekannt. Die rasche Vermehrung der Bevölkerung erzeugte auf dem jedem einzelnen Dorfe zugewiesenen sehr großen Landstrich, der *Mark*, eine Anzahl von Tochterdörfern, die nun mit dem Mutterdorf als Gleichberechtigte oder Minderberechtigte eine einzige Markgenossenschaft zur Benutzung des allen gemeinsam gehörigen Bodens bildeten, so daß wir in Deutschland, soweit die Quellen zurückreichen, überall eine größere oder geringere Anzahl von Dörfern zu einer Markgenossenschaft vereinigt finden. Über diesen Verbänden aber standen, wenigstens in der ersten Zeit, noch die größeren Markverbände der Hundertschaft oder auch des Gaus, und endlich bildete das ganze Volk ursprünglich eine einzige große Markgenossenschaft zur Verwaltung des in unmittelbarem Volksbesitz gebliebenen Bodens und zur Oberaufsicht über die zu seinem Gebiete gehörigen Untermarken. Und noch im »Kaiserrecht«[5] des 13. oder 14. Jahrhunderts gilt als Regel, daß eine Mark sechs bis zwölf Dörfer umfaßt.

Zu Cäsars Zeit bebaute wenigstens ein großer Teil der Deutschen, nämlich das Suevenvolk, das noch nicht zu festen Sitzen gekommen war, den Acker gemeinsam; dies geschah, wie wir nach Vergleichung anderer Völker annehmen dürfen, in der Art, daß die einzelnen, eine Anzahl nahverwandter Familien umfassenden Geschlechter das ihnen zugewiesene Land, das von Jahr zu Jahr gewechselt wurde, gemeinschaftlich bebauten und die Produkte unter die Familien verteilten. Als aber auch die Sueven gegen Anfang unserer Zeitrechnung in den neuen Sitzen zur Ruhe gekommen waren, hörte dies bald auf. Wenigstens kennt Tacitus (150 Jahre nach Cäsar) nur noch Bebauung des Bodens durch die einzelnen Familien. Aber auch diesen war das anzubauende Land nur auf ein Jahr zugewiesen; nach diesem Jahr wurde es neu umgeteilt und gewechselt.[6]

Wie es dabei herging, das können wir noch heute an der Mosel und im Hochwald an den sogenannten Gehöferschaften sehen. Dort wird zwar nicht mehr jährlich, aber noch alle 3, 6, 9 oder 12 Jahre das gesamte angebaute Land, Äcker und Wiesen zusammengeworfen und nach Lage und Bodenqualität in eine Anzahl »Gewanne« geteilt. Jedes Gewann teilt man wieder in so viel gleiche Teile, lange, schmale Streifen, als Berechtigungen in der Genossenschaft bestehen, und diese werden durchs Los unter die Berechtigten verteilt. Dies beweist, daß jeder Genosse in jedem Gewann, also von jeder Lage und Bodenqualität, ursprünglich ein gleich großes Stück erhielt. Gegenwärtig sind die Anteile durch Erbteilung, Verkauf usw. ungleich geworden, aber der alte Vollanteil bildet noch immer die Einheit, wonach die halben, Viertels-, Achtels- etc. Anteile sich bestimmen. Das unbebaute Land, Wald und Weide, bleibt Gemeinbesitz zur gemeinsamen Nutzung.

Dieselbe uralte Einrichtung hatte sich bis in den Anfang unseres Jahrhunderts in den sogenannten Losgütern der bayrischen Rheinpfalz erhalten, deren Ackergüter seitdem in Privateigentum der einzelnen Genossen übergegangen ist. Auch die Gehöferschaften finden es mehr und mehr in ihrem

Der deutsche Bauer.

Was war er? Was ist er? Was könnte er sein?

In einem Lande wie Deutschland, wo noch ungefähr zwei Drittel der Bevölkerung vom Landbau leben, ist es nothwendig, daß die sozialistischen Arbeiter und durch sie die Bauern erfahren, wie das heutige Grundeigenthum, großes wie kleines, entstanden ist; nothwendig, daß dem heutigen Elend der Taglöhner und der heutigen Verschuldungsknechtschaft der Kleinbauern entgegengehalten werde das alte Gemeineigenthum aller freien Männer an dem, was damals für sie in Wahrheit ein „Vaterland", ein ererbter freier Gemeinbesitz war. Ich gebe daher eine kurze geschichtliche Darstellung jener uralten deutschen Bodenverfassung, die sich in kümmerlichen Resten bis auf unsere Tage erhalten, die aber im ganzen Mittelalter als Grundlage und Vorbild aller öffentlichen Verfassung gedient und das ganze öffentliche Leben, nicht nur in Deutschland, sondern auch in Nordfrankreich, England und Skandinavien durchdrungen hat, und die dennoch, bis auf die neueste Zeit, fast ganz in Vergessenheit gerathen war.

Zwei naturwüchsig entstandene Thatsachen beherrschen die Urgeschichte aller oder doch fast aller Völker: Gliederung des Volkes nach Verwandtschaft, und Gemeineigenthum am Grund und Boden. So war es auch bei den Deutschen. Als sie nach langen Wanderzügen vor mehr als zweitausend Jahren das Land östlich vom Rhein und nördlich von der Donau in Besitz nahmen, ließ sich dort jeder Stamm nieder nicht nach Laune oder Zufall, sondern nach der Geschlechtsverwandtschaft der Stammesglieder. Dies wird uns ausdrücklich von Cäsar berichtet, dem ersten römischen Feldherrn, der (vor etwas über 1900 Jahren) deutschen Boden betrat. Den näher verwandten größeren Gruppen fiel ein bestimmter Bezirk zu, worin wieder die einzelnen, eine Anzahl Familien umfassenden Geschlechter sich dorfweise niederließen. Mehrere verwandte Dörfer bildeten eine Hundertschaft, mehrere Hundertschaften einen Gau; die Gesammtheit der Gaue war das Volk selbst. Der Boden, den die Ortschaft nicht in Beschlag nahm, blieb zur Verfügung der Hundertschaft; was dieser nicht zugetheilt war, verblieb dem Gau; was dann noch verfügbar war —

Erste Seite der Flugschrift

— 13 —

ländliche Parzellenwirthschaft rettungslos vernichten und durch das große Grundeigenthum ersetzen, falls — ihnen dazu die nöthige Zeit vergönnt wird.

Denn schon droht dem ganzen europäischen Ackerbau, wie er heute betrieben wird, ein übermächtiger Nebenbuhler in der amerikanischen Massenproduktion von Getreide. Gegen diesen von der Natur selbst urbar gemachten und auf eine lange Reihe von Jahren gedüngten Boden, der um ein Spottgeld zu haben ist können weder unsere verschuldeten Kleinbauern noch unsere ebenso tief in Schulden steckenden Großgrundbesitzer ankämpfen. Die ganze europäische landwirthschaftliche Betriebsweise erliegt vor der amerikanischen Konkurrenz. Ackerbau in Europa bleibt möglich nur, wenn er gesellschaftlich betrieben wird und für Rechnung der Gesellschaft.

Das sind die Aussichten für unsere Bauern. Und das Gute hat die Herstellung einer, wenn auch verkümmerten, freien Bauernklasse gehabt, daß sie den Bauer in eine Lage versetzt hat, in der er — mit dem Beistand seiner natürlichen Bundesgenossen, der Arbeiter — sich selbst helfen kann, sobald er nur begreifen will, wie.

Aber wie? — Durch eine Wiedergeburt der Mark, aber nicht in ihrer alten, überlebten, sondern in einer verjüngten Gestalt; durch eine solche Erneuerung der Bodengemeinschaft, daß diese den kleinbäuerlichen Genossen nicht nur alle Vortheile des Großbetriebs und der Anwendung der landwirthschaftlichen Maschinerie zuwendet, sondern ihnen auch die Mittel bietet, neben dem Ackerbau Großindustrie mit Dampf- oder Wasserkraft zu betreiben, und zwar für Rechnung nicht von Kapitalisten, sondern für Rechnung der Genossenschaft.

Ackerbau im Großen und Benutzung der landwirthschaftlichen Maschinerie — das heißt mit anderen Worten: Ueberflüssigmachung der landwirthschaftlichen Arbeit des größten Theils der Kleinbauern, die jetzt ihre Felder selbst bestellen. Damit diese vom Feldbau verdrängten Leute nicht arbeitslos bleiben, oder in die Städte gedrängt werden, dazu gehört industrielle Beschäftigung auf dem Lande selbst, und diese kann nur vortheilhaft für sie betrieben werden im Großen, mit Dampf- oder Wasserkraft.

Wie das einrichten? Darüber denkt einmal nach, deutsche Bauern. Wer Euch dabei allein beistehen kann, das sind — die Sozialdemokraten.

Letzte Seite der Flugschrift

Interesse, die Umteilungen zu unterlassen und den wechselnden Besitz in Privateigentum zu verwandeln. So sind die meisten, wenn nicht gar alle, in den letzten vierzig Jahren abgestorben und in gewöhnliche Dörfer von Parzellenbauern mit gemeinsamer Wald- und Weidennutzung übergegangen.

Das erste Grundstück, das in Privateigentum des einzelnen überging, war der Hausplatz. Die Unverletzlichkeit der Wohnung, diese Grundlage aller persönlichen Freiheit, ging vom Zeltwagen des Wanderzuges über auf das Blockhaus des angesiedelten Bauern und verwandelte sich allmählich in ein volles Eigentumsrecht an Haus und Hof. Dies war schon zu Tacitus' Zeit geschehen. Die Heimstätte des freien Deutschen muß schon damals aus der Mark ausgeschlossen und damit den Markbeamten unzugänglich, ein sicherer Zufluchtsort für Flüchtige gewesen sein, wie wir sie in den späteren Markordnungen und zum Teil schon in den Volksrechten des 5.—8. Jahrhunderts[7] beschrieben finden.

Vier- bis fünfhundert Jahre später finden wir auch das angebaute Land als erblichen, wenn auch nicht unbedingt freien Besitz der einzelnen Bauern, die das Recht hatten, darüber durch Verkauf oder sonstige Abtretung zu verfügen. Für die Ursachen dieser Umwandlung haben wir zwei Anhaltspunkte.

Erstens gab es von Anfang an in Deutschland selbst, neben den bereits geschilderten geschlossenen Dörfern mit vollständiger Feldgemeinschaft, auch Dörfer, wo außer den Heimstätten auch die Felder aus der Gemeinschaft, der Mark, ausgeschlossen und den einzelnen Bauern erblich zugeteilt waren. Aber nur, wo die Bodengestaltung dies sozusagen aufnötigte: in engen Tälern, wie im Bergischen, auf schmalen, flachen Höhenrücken zwischen Sümpfen, wie in Westfalen. Später auch im Odenwald und in fast allen Alpentälern. Hier bestand das Dorf, wie noch jetzt, aus zerstreuten Einzelhöfen, deren jeder von den zugehörigen Feldern umgeben wird; ein Wechsel war hier nicht gut möglich, und so verblieb der Mark nur das umliegende unbebaute Land. Als nun später das Recht über Haus und Hof durch Abtretung an Dritte zu verfügen, von Wichtigkeit wurde, befanden sich solche Hofbesitzer im Vorteil. Der Wunsch, diesen Vorteil ebenfalls zu erlangen, mag in manchen Dörfern mit Feldgemeinschaften dahin geführt haben, die wiederholten Umteilungen einschlafen und damit die einzelnen Anteile der Genossen ebenfalls erblich und übertragbar werden zu lassen.

Zweitens aber führte die Eroberung die Deutschen auf römisches Gebiet, wo seit Jahrhunderten der Boden Privateigentum (und zwar römisches, unbeschränktes) gewesen war und wo die geringe Zahl der Eroberer unmöglich eine so eingewurzelte Besitzform gänzlich beseitigen konnte. Hier hörten also die jährlichen Umteilungen des Landes unter die einzelnen Familien bald auf. Privateigentum an Acker und Wiese trat an ihre Stelle, und im innern Deutschland wurde das angebaute Land, wie gesagt, ebenfalls bald Privatbesitz.[8]

Wenn aber die deutschen Eroberer den Privatbesitz an Äckern und Wiesen annahmen, d. h. bei der ersten Landteilung oder bald nachher auf erneute Umteilungen verzichteten (denn weiter war es nichts), so führten sie dagegen überall ihre deutsche Markverfassung mit Gemeinbesitz an Wald und Weide ein und mit Oberherrschaft der Mark auch über das verteilte Land. Dies geschah nicht nur von den Franken in Nordfrankreich und den Angelsachsen in England, sondern auch von den Burgundern in Ostfrankreich, den Westgoten in Südfrankreich und Spanien und den Ostgoten und Langobarden in Italien. In diesen letztgenannten Ländern haben sich jedoch, soviel bekannt, nur im Hochgebirge Spuren der Markeinrichtungen bis heute erhalten.

Indem die Markgenossenschaft auf das Recht verzichtete, von Zeit zu Zeit Äcker und Wiesen unter die einzelnen Genossen neu zu verteilen, gab sie von ihren übrigen Rechten an diese Ländereien kein einziges auf. Und diese Rechte waren sehr bedeutend. Die Genossenschaft hatte den einzelnen ihre Felder übergeben nur zum Zweck der Nutzung als Acker und Wiese und zu keinem anderen Zweck. Was darüber hinausging, daran hatte der Einzelbesitzer kein Recht. In der Erde gefundene Schätze, wenn sie tiefer lagen, als die Pflugschar geht, gehörten also nicht ihm, sondern ursprünglich der Gemeinschaft; ebenso das Recht, Erz zu graben usw. Alle diese Rechte wurden später von den Grund- und Landesherren zu eigenem Nutzen unterschlagen.

Aber auch die Nutzung von Acker und Wiese war gebunden an die Oberaufsicht und Regelung durch die Genossenschaft, und zwar in folgender Gestalt: Da, wo Dreifelderwirtschaft herrschte – und das war fast überall –, wurde die ganze Feldflur des Dorfes in drei gleich große Felder geteilt, von denen jedes abwechselnd ein Jahr zur Wintersaat, das zweite Jahr zur Sommersaat, das dritte zur Brache bestimmt wurde. Das Dorf hatte also jedes Jahr sein Winterfeld, Sommerfeld und Brachfeld. Bei der Landverteilung war dafür gesorgt, daß der Anteil jedes Genossen sich gleichmäßig auf alle drei Felder verteilte, so daß jeder sich ohne Nachteil dem Flurzwang der Genossenschaft fügen konnte, wonach er Wintersaat nur in sein Stück Winterfeld säen durfte usw.

Das jedesmalige Brachfeld fiel nun für die Dauer der Brache wieder in Gemeinbesitz und diente der gesamten Genossenschaft zur Weide. Und sobald die beiden anderen Felder abgeerntet waren, fielen sie bis zur Saatzeit ebenfalls wieder in den Gemeinbesitz zurück und wurden als Gemeinweide benutzt. Desgleichen die Wiesen nach der Grummetmahd. Auf allen Feldern, wo geweidet wurde, mußte der Besitzer die Zäune entfernen. Dieser sogenannte Hutzwang bedingte natürlich, daß die Zeit der Aussaat wie der Ernte nicht dem einzelnen überlassen, sondern für alle gemeinsam und von der Genossenschaft oder durch Herkommen festgesetzt war. Und wo wir noch solchen Flur- und Hutzwang finden, oder Überbleibsel davon, das sind die Überbleibsel der alten Markgenossenschaft.

Alles übrige Land, d. h. alles, was nicht Haus und Hof oder verteilte Dorfflur war, blieb, wie zur Urzeit, Gemeineigentum zur gemeinsamen Nutzung: Wald, Weideland, Heiden, Moore,

Flüsse, Teiche, Seen, Weg und Steg, Jagd und Fischerei. Wie der Anteil jedes Genossen an der verteilten Feldmark ursprünglich gleich groß gewesen, so auch sein Anteil an der Nutzung der »gemeinen Mark«. Die Art dieser Nutzung wurde durch die Gesamtheit der Genossen bestimmt; ebenso die Art der Aufteilung, wenn der bisher bebaute Boden nicht mehr reichte und ein Stück der gemeinen Mark in Anbau genommen wurde. Hauptnutzung in der gemeinen Mark war Viehweide und Eichelmast, daneben lieferte der Wald Bau- und Brennholz, Laubstreu, Beeren und Pilze, das Moor, wenn vorhanden, Torf. Die Bestimmungen über Weide, Holznutzung usw. bilden den Hauptinhalt der vielen aus den verschiedensten Jahrhunderten erhaltenen Markweistümer, aufgeschrieben zur Zeit, als das alte ungeschriebene, herkömmliche Recht anfing, streitig zu werden. Die noch vorhandenen Gemeindewaldungen sind der kümmerliche Rest dieser alten ungeteilten Marken. Ein anderer Rest, wenigstens in West- und Süddeutschland, ist die im Volksbewußtsein tief wurzelnde Vorstellung, daß der Wald Gemeingut sei, in dem jeder Blumen, Beeren, Pilze, Bucheckern usw. sammeln und überhaupt, solange er nicht Schaden anrichtet, tun und treiben kann, was er will. Aber auch hier schafft Bismarck Rat und richtet mit seiner berühmten Beerengesetzgebung[9] die westlichen Provinzen auf den altpreußischen Junkerfuß ein.

Wie die Genossen gleiche Bodenanteile und gleiche Nutzungsrechte, so hatten sie ursprünglich auch gleichen Anteil an Gesetzgebung, Verwaltung und Gericht innerhalb der Mark. Zu bestimmten Zeiten und öfter, wenn nötig, versammelten sie sich unter freiem Himmel, um über die Markangelegenheiten zu beschließen und über Markfrevel und Streitigkeiten zu richten. Es war, nur im kleinen, die uralte deutsche Volksversammlung, die ursprünglich auch nur eine große Markversammlung gewesen war. Gesetze wurden gemacht, wenn auch nur in seltenen Notfällen; Beamte gewählt, deren Amtsführung kontrolliert, vor allem aber Recht gesprochen. Der Vorsitzende hatte nur die Fragen zu stellen, das Urteil wurde gefunden von der Gesamtheit der anwesenden Genossen.

Die Markverfassung war in der Urzeit so ziemlich die einzige Verfassung derjenigen deutschen Stämme, die keine Könige hatten. Und sie hat im ganzen Leben der Deutschen so tiefe Wurzeln geschlagen, daß wir ihre Spur in der Entwicklungsgeschichte unseres Volkes auf Schritt und Tritt wiederfinden. In der Urzeit war die ganze öffentliche Gewalt in Friedenszeiten ausschließlich eine richterliche, und diese ruhte bei der Versammlung des Volks in der Hundertschaft, im Gau, im ganzen Volksstamm. Das Volksgericht aber war nur das Volks-Markgericht, angewandt auf Fälle, die nicht bloße Markangelegenheiten waren, sondern in den Bereich der öffentlichen Gewalt fielen. Auch als mit Ausbildung der Gauverfassung die staatlichen Gaugerichte von den gemeinen Markgerichten getrennt wurden, blieb in beiden die richterliche Gewalt beim Volke. Erst als die alte Volksfreiheit schon in starkem Verfall war und der Gerichtsdienst neben dem Heeresdienst eine drückende Last für die verarmten Freien wurde, erst da konnte Karl der Große bei den Gaugerichten in den meisten Gegenden das Volksgericht durch Schöffengerichte[1*] ersetzen. Aber dies berührte die Markgerichte durchaus nicht. Diese blieben im Gegenteil selbst noch Muster für die Lehnsgerichtshöfe des Mittelalters; auch in diesen war der Lehnsherr nur Fragesteller, Urteilsfinder aber die Lehnsträger selbst. Die Dorfverfassung ist nur die Markverfassung einer selbständigen Dorfmark und geht in eine Stadtverfassung über, sobald das Dorf sich in eine Stadt verwandelt, d. h. sich mit Graben und Mauer befestigt. Aus dieser ursprünglichen Stadtmarkverfassung sind alle späteren Städteverfassungen

1* Nicht zu verwechseln mit den Bismarck-Leonhardtschen Schöffengerichten[10], wo Schöffen und Juristen zusammen Urteil finden. Beim alten Schöffengericht waren gar keine Juristen, der Präsident oder Richter hatte gar keine Stimme, und die Schöffen[1] fanden das Urteil selbständig.

1 *Bei Engels irrtümlich:* Richter

herausgewachsen. Und endlich sind der Markverfassung nachgebildet die Ordnungen der zahllosen, nicht auf gemeinsamem Grundbesitz beruhenden freien Genossenschaften des Mittelalters, besonders aber der freien Zünfte. Das der Zunft erteilte Recht zum ausschließlichen Betrieb eines bestimmten Geschäftes wird behandelt ganz wie eine gemeine Mark. Mit derselben Eifersucht wie dort, oft mit ganz denselben Mitteln, wird auch bei den Zünften dafür gesorgt, daß der Anteil eines jeden Genossen an der gemeinsamen Nutzungsquelle ein ganz oder doch möglichst gleicher sei.

Dieselbe fast wunderbare Anpassungsfähigkeit, die die Markverfassung hier auf den verschiedensten Gebieten des öffentlichen Lebens und gegenüber den mannigfachsten Anforderungen entwickelt hat, beweist sie auch im Fortgang der Entwicklung des Ackerbaues und im Kampf mit dem aufkommenden großen Grundeigentum. Sie war entstanden mit der Niederlassung der Deutschen in Germanien, also in einer Zeit, wo Viehzucht Hauptnahrungsquelle war und der aus Asien mitgebrachte, halbvergessene Ackerbau erst eben wieder aufkam. Sie hat sich erhalten durch das ganze Mittelalter in schweren unaufhörlichen Kämpfen mit dem grundbesitzenden Adel. Aber sie war noch immer so notwendig, daß überall da, wo der Adel sich das Bauernland angeeignet hatte, die Verfassung der hörigen Dörfer eine, wenn auch durch grundherrliche Eingriffe stark beschnittene Markverfassung blieb; ein Beispiel davon werden wir weiter unten erwähnen. Sie paßte sich den wechselndsten Besitzverhältnissen des urbaren Landes an, solange nur noch eine gemeine Mark blieb, und ebenso den verschiedensten Eigentumsrechten an der gemeinen Mark, sobald diese aufgehört hatte, frei zu sein. Sie ist untergegangen an dem Raub fast des gesamten Bauernlandes, des verteilten wie des ungeteilten, durch Adel und Geistlichkeit unter williger Beihilfe der Landesherrschaft. Aber ökonomisch veraltet, nicht mehr lebensfähig als Betriebsform des Ackerbaues, wurde sie in Wirklichkeit erst, seit die gewaltigen Fortschritte der Landwirtschaft in den letzten hundert Jahren den Landbau zu einer Wissenschaft gemacht und ganz neue Betriebsweisen eingeführt haben.

Die Untergrabung der Markverfassung begann schon bald nach der Völkerwanderung. Als Vertreter des Volkes nahmen die fränkischen Könige die ungeheuren, dem Gesamtvolke gehörenden Ländereien, namentlich Wälder, in Besitz, um sie durch Schenkungen an ihr Hofgesinde, an ihre Feldherren, an Bischöfe und Äbte zu verschleudern. Sie bildeten dadurch den Stamm des späteren Großgrundbesitzes von Adel und Kirche. Die letztere besaß schon lange vor Karl dem Großen *ein volles Drittel alles Bodens* in Frankreich; es ist sicher, daß dies Verhältnis während des Mittelalters so ziemlich für das ganze katholische Westeuropa gegolten hat.

Die fortwährenden inneren und äußeren Kriege, deren regelmäßige Folge Einziehungen von Grund und Boden waren, ruinierten große Mengen von Bauern, so daß schon vor Karl dem Großen es sehr viele freie Leute ohne Grundbesitz gab. Die unaufhörlichen Kriege Karls des Großen brachen die Hauptkraft des freien Bauernstandes. Ursprünglich war jeder freie Grundbesitzer dienstpflichtig und mußte nicht nur sich selbst ausrüsten, sondern auch sich selbst sechs Monate lang im Kriegsdienst verpflegen. Kein Wunder, daß schon zu Karls Zeiten kaum der fünfte Mann wirklich eingestellt werden konnte. Unter der wüsten Wirtschaft seiner Nachfolger ging es mit der Bauernfreiheit noch rascher bergab. Einerseits zwang die Not der Normannenzüge, die ewigen Kriege der Könige und Fehden der Großen einen freien Bauern nach dem andern, sich einen Schutzherrn zu suchen. Andrerseits beschleunigte die Habgier derselben Großen und der Kirche diesen Prozeß; mit List, Versprechungen, Drohungen, Gewalt brachten sie noch mehr Bauern und Bauernland unter ihre Gewalt. Im einen wie im andern Fall war das Bauernland in Herrenland verwandelt und wurde höchstens den Bauern zur Nutzung gegen Zins und Fron zurückgegeben. Der Bauer aber war aus einem freien Grundbesitzer in einen zinszahlenden und fronenden Hörigen oder gar Leibeigenen verwandelt. Im westfränkischen Reich[11], überhaupt westlich vom Rhein war dies die Regel. Östlich vom Rhein erhielt sich dagegen noch eine größere Anzahl freier Bauern, meist zerstreut, seltner in ganzen freien Dörfern vereinigt. Doch auch hier drückte im 10.–12. Jahrhundert die Übermacht des Adels und der Kirche immer mehr Bauern in die Knechtschaft hinab.

Wenn ein Gutsherr – geistlich oder weltlich – ein Bauerngut erwarb, so erwarb er damit auch die zum Gut gehörige Gerechtigkeit in der Mark. Die neuen Grundherren wurden so Markgenossen, den übrigen freien und hörigen Genossen, selbst ihren eigenen Leibeigenen, innerhalb der Mark ursprünglich nur gleichberechtigt. Aber bald erwarben sie, trotz des zähen Widerstandes der Bauern, an vielen Orten Vorrechte in der Mark und konnten diese letztere oft sogar ihrer Grundherrschaft unterwerfen. Und dennoch dauerte die alte Markgenossenschaft fort, wenn auch unter herrschaftlicher Obervormundschaft.

Wie unumgänglich nötig damals noch die Markverfassung für den Ackerbau, selbst für den Großgrundbesitz war, beweist am schlagendsten die Besiedlung von Ostpreußen, Brandenburg und Schlesien durch friesische, niederländische, sächsische und rheinfränkische Kolonisten. Die Leute wurden, vom 12. bis zum 15. Jahrhundert, auf Herrenland dorfweise angesiedelt, und zwar nach deutschem Recht, d. h. nach dem alten Markrecht, soweit es sich auf herrschaftlichen Höfen erhalten hatte. Jeder bekam Haus und Hof, einen für alle gleich großen, nach alter Art durchs Los bestimmten Anteil in der Dorfflur und die Nutzungsgerechtigkeit an Wald und Weide, meist im grundherrlichen Wald, seltner in besondrer Mark. Alles dies erblich; das Grundeigentum verblieb dem Herrn, dem die Kolonisten bestimmte Zinsen und Dienste erblich schuldeten. Aber diese Leistungen waren so mäßig, daß die Bauern hier sich besser standen als irgendwo in Deutschland. Sie blieben daher auch ruhig, als der Bauernkrieg ausbrach. Für diesen Abfall von ihrer eigenen Sache wurden sie denn auch hart gezüchtigt.

Überhaupt trat um die Mitte des 13. Jahrhunderts eine

entschiedene Wendung zugunsten der Bauern ein; vorgearbeitet hatten die Kreuzzüge. Viele der ausziehenden Grundherren ließen ihre Bauern ausdrücklich frei. Andere sind gestorben, verdorben, Hunderte von Adelsgeschlechtern verschwunden, deren Bauern ebenfalls häufig die Freiheit erlangten. Nun kam dazu, daß mit den steigenden Bedürfnissen der Grundherren das Kommando über die Leistungen der Bauern weit wichtiger wurde als das über ihre Personen. Die Leibeigenschaft des früheren Mittelalters, die noch viel von der alten Sklaverei an sich hatte, gab den Herren Rechte, die mehr und mehr ihren Wert verloren; sie schlief allmählich ein, die Stellung der Leibeigenen näherte sich der der bloßen Hörigen. Da der Betrieb des Landbaus ganz der alte blieb, so war Vermehrung der gutsherrlichen Einkünfte nur zu erlangen durch Umbruch von Neuland, Anlage neuer Dörfer. Das war aber nur erreichbar durch gütliche Übereinkunft mit den Kolonisten, gleichviel ob sie Gutshörige oder Fremde waren. Daher finden wir um diese Zeit überall scharfe Festsetzung der bäuerlichen, meist mäßigen Leistungen und gute Behandlung der Bauern, namentlich auf den Herrschaften der Geistlichkeit. Und endlich wirkte die günstige Stellung der neu herbeigezogenen Kolonisten wieder zurück auf die Lage der benachbarten Hörigen, so daß auch diese in ganz Norddeutschland bei Fortdauer ihrer Leistungen an den Gutsherren ihre persönliche Freiheit erhielten. Allein das alles sollte nicht lange dauern.

Im 14. und 15. Jahrhundert waren die Städte rasch emporgekommen und reich geworden. Ihr Kunstgewerbe und Luxus blühten namentlich in Süddeutschland und am Rhein. Die Üppigkeit der städtischen Patrizier ließ den grobgenährten, grobgekleideten, plumpmöblierten Landjunker nicht ruhig schlafen. Aber woher die schönen Sachen erhalten? Das Wegelagern wurde immer gefährlicher und erfolgloser, zum Kaufen aber gehörte Geld. Und das konnte nur der Bauer schaffen. Daher erneuerter Druck auf die Bauern, gesteigerte Zinsen und Fronden, erneuerter, stets beschleunigter Eifer, die freien Bauern zu Hörigen, die Hörigen zu Leibeigenen herabzudrücken und das gemeine Markland in Herrenland umzuwandeln. Dazu halfen den Landesherren und Adligen die römischen Juristen, die mit ihrer Anwendung römischer Rechtssätze auf deutsche, meist unverstandene Verhältnisse eine grenzenlose Verwirrung anzurichten, aber doch *so* anzurichten verstanden, daß der Herr stets dadurch gewann und der Bauer stets verlor. Die geistlichen Herren halfen sich einfacher: sie fälschten Urkunden, worin die Rechte der Bauern verkürzt und ihre Pflichten gesteigert wurden. Gegen diese Räubereien von Landesherren, Adel und Pfaffen erhoben sich seit Ende des 15. Jahrhunderts die Bauern in häufigen Einzelaufständen, bis 1525 der große Bauernkrieg Schwaben, Bayern, Franken bis ins Elsaß, die Pfalz, den Rheingau und Thüringen hinein überflutete. Die Bauern erlagen nach harten Kämpfen. Von da an datiert das erneuerte allgemeine Vorherrschen der Leibeigenschaft unter den deutschen Bauern. In den Gegenden, wo der Kampf gewütet hatte, wurden nun alle noch gebliebenen Rechte der Bauern schamlos zertreten, ihr Gemeinland in Herrenland verwandelt, sie selbst in Leibeigene. Und zum Dank dafür, daß die besser gestellten norddeutschen Bauern ruhig geblieben, verfielen sie, nur langsamer, derselben Unterdrückung. Die Leibeigenschaft deutscher Bauern wird in Ostpreußen, Pommern, Brandenburg, Schlesien seit Mitte, in Schleswig-Holstein seit Ende des 16. Jahrhunderts eingeführt und immer allgemeiner den Bauern aufgenötigt.

Diese neue Vergewaltigung hatte dazu noch einen ökonomischen Grund. Aus den Kämpfen der Reformationszeit hatten allein die deutschen Landesfürsten vermehrte Macht gewonnen. Mit dem edlen Räuberhandwerk des Adels war es nun aus. Wollte er nicht untergehen, so mußte er aus seinem Grundbesitz mehr Einkünfte herausschlagen. Der einzige Weg aber war der, nach dem Vorbild der größeren Landesherren, und namentlich der Klöster, wenigstens einen Teil dieses Besitzes für eigene Rechnung zu bewirtschaften. Was bisher nur Ausnahme, wurde jetzt Bedürfnis. Aber dieser neuen

Betriebsweise stand im Weg, daß der Boden fast überall an die Zinsbauern ausgegeben war. Indem die freien oder hörigen Zinsbauern in volle Leibeigene verwandelt wurden, bekam der gnädige Herr freie Hand. Ein Teil der Bauern wurde, wie der Kunstausdruck lautet, »gelegt«, d. h. entweder weggejagt oder zu Kotsassen mit bloßer Hütte und etwas Gartenland degradiert, ihre Hofgüter zu einem großen Herrenhofgut zusammengeschlagen und von den neuen Kotsassen und noch übriggebliebenen Bauern im Frondienst bebaut. Nicht nur wurde so eine Menge Bauern einfach verdrängt, sondern die Frondienste der noch übrigen bedeutend, und zwar immer mehr gesteigert. Die kapitalistische Periode kündete sich an auf dem Lande als Periode des landwirtschaftlichen Großbetriebs auf Grundlage der leibeigenen Fronarbeit.

Diese Umwandlung vollzog sich indes anfangs noch ziemlich langsam. Da kam der Dreißigjährige Krieg[12]. Während eines ganzen Menschenalters wurde Deutschland die Kreuz und Quer durchzogen von der zuchtlosesten Soldateska, die die Geschichte kennt. Überall wurde gebrandschatzt, geplündert, gesengt, genotzüchtigt, gemordet. Am meisten litt der Bauer da, wo abseits der großen Heere die kleineren Freischaren oder vielmehr Freibeuter auf eigene Faust und für eigene Rechnung hantierten. Die Verwüstung und Entvölkerung war grenzenlos. Als der Friede kam, lag Deutschland hilflos, zertreten, zerfetzt, blutend am Boden; am elendesten aber war wieder der Bauer.

Der grundbesitzende Adel wurde nun alleiniger Herr auf dem Lande. Die Fürsten, die seine politischen Rechte in den Ständeversammlungen gerade damals vernichteten, ließen ihm dafür freie Hand gegen die Bauern. Die letzte Widerstandskraft der Bauern aber war durch den Krieg gebrochen. So konnte der Adel alle ländlichen Verhältnisse so einrichten, wie es zur Wiederherstellung seiner ruinierten Finanzen am passendsten war. Nicht [nur] wurden die verlassenen Bauernhöfe kurzer Hand mit dem Herrenhofgut vereinigt; das Bauernlegen wurde erst jetzt im großen und systematisch betrieben. Je größer das herrschaftliche Hofgut, desto größer natürlich die Frondienste der Bauern. Die Zeit der »ungemessenen Dienste« brach wieder an; der gnädige Herr konnte den Bauer, seine Familie, sein Vieh zur Arbeit kommandieren, so oft und so lange es ihm gefiel. Die Leibeigenschaft wurde jetzt allgemein; ein freier Bauer war nun so selten wie ein weißer Rabe. Und damit der gnädige Herr imstande sei, jeden, auch den geringsten Widerstand der Bauern im Keim zu ersticken, erhielt er vom Landesfürsten die Patrimonialgerichtsbarkeit, d.h., er wurde zum alleinigen Richter ernannt für alle kleineren Vergehen und Streitigkeiten der Bauern, selbst wenn ein Bauer mit ihm, dem Herrn, im Streit, der Herr also Richter in eigener Sache war! Von da an herrschten auf dem Lande Stock und Peitsche. Wie das ganze Deutschland, so war der deutsche Bauer bei seiner tiefsten Erniedrigung angekommen. Wie ganz Deutschland, so war auch der Bauer so kraftlos geworden, daß alle Selbsthülfe versagte, daß Rettung nur von außen kommen konnte.

Und sie kam. Mit der Französischen Revolution brach auch für Deutschland und den deutschen Bauer die Morgenröte einer besseren Zeit an. Kaum hatten die Revolutionsarmeen das linke Rheinufer erobert, so verschwand dort der ganze alte Plunder von Frondiensten, Zins, Abgaben aller Art an den gnädigen Herrn, mitsamt diesem selbst, wie durch einen Zauberschlag. Der linksrheinische Bauer war nun Herr auf seinem Besitz und erhielt obendrein in dem zur Revolutionszeit entworfenen, von Napoleon nur verhunzten Code civil[13] ein Gesetzbuch, das seiner neuen Lage angepaßt war und das er nicht nur verstehen, sondern auch bequem in der Tasche tragen konnte.

Aber der rechtsrheinische Bauer mußte noch lange warten. Zwar wurden in Preußen nach der wohlverdienten Niederlage von Jena[14] einige der allerschmählichsten Adelsrechte abgeschafft und die sogenannte Ablösung der übrigen bäuerlichen Lasten gesetzlich ermöglicht. Aber das stand größtenteils und lange Zeit bloß auf dem Papier. In den übrigen Staaten geschah noch weniger. Es bedurfte einer zweiten französischen Revolution 1830[15], um wenigstens in Baden und einigen andern Frankreich benachbarten Kleinstaaten die Ablösung in Gang zu bringen. Und als die dritte französische Revolution 1848[16] endlich auch Deutschland mit sich fortriß, da war die Ablösung in Preußen noch lange nicht fertig und in Bayern noch gar nicht angefangen! Jetzt ging es freilich rascher; die Fronarbeit der diesmal selbst rebellisch gewordenen Bauern hatte eben allen Wert verloren.

Und worin bestand diese Ablösung? Dafür, daß der gnädige Herr eine bestimmte Summe in Geld oder ein Stück Land sich vom Bauer abtreten ließ, dafür sollte er nunmehr den noch übrigen Boden des Bauern als dessen freies unbelastetes Eigentum anerkennen – wo doch die sämtlichen, dem gnädigen Herrn schon früher gehörigen Ländereien nichts waren als gestohlenes Bauernland! Damit nicht genug! Bei der Auseinandersetzung hielten natürlich die damit beauftragten Beamten fast regelmäßig mit dem gnädigen Herrn, bei dem sie wohnten und kneipten, so daß die Bauern selbst gegen den Wortlaut des Gesetzes noch ganz kolossal übervorteilt wurden.

Und so sind wir denn endlich, dank drei französischen Revolutionen und einer deutschen, dahin gekommen, daß wir wieder freie Bauern haben. Aber wie sehr steht unser heutiger freier Bauer zurück gegen den freien Markgenossen der alten Zeit! Sein Hofgut ist meist weit kleiner, und die ungeteilte Mark ist bis auf wenige, sehr verkleinerte und verkommene Gemeindewaldungen dahin. Ohne Marknutzung aber kein Vieh für den Kleinbauern, ohne Vieh kein Dünger, ohne Dünger kein rationeller Ackerbau. Der Steuereinnehmer und der hinter ihm drohende Gerichtsvollzieher, die der heutige Bauer nur zu gut kennt, waren dem alten Markgenossen unbekannte Leute, ebenso wie der Hypothekenwucherer, dessen Krallen ein Bauernhof nach dem anderen verfällt. Und was das Beste ist: diese neuen freien Bauern, deren Güter und deren Flügel so sehr beschnitten sind, wurden in Deutschland, wo alles zu spät geschieht, geschaffen zu einer Zeit, wo nicht nur die wissenschaftliche Landwirtschaft, sondern auch schon die neuerfundenen landwirtschaftlichen Maschinen den Kleinbetrieb mehr und mehr zu einer veralteten, nicht mehr lebensfähigen Betriebsweise machen. Wie die mechanische Spinnerei und Weberei das Spinnrad und den Handwebstuhl, so müssen diese neuen landwirtschaftlichen Produktionsmethoden die ländliche Parzellenwirtschaft rettungslos vernichten und durch das große Grundeigentum ersetzen, falls – ihnen dazu die nötige Zeit vergönnt wird.

Denn schon droht dem ganzen europäischen Ackerbau, wie er heute betrieben wird, ein übermächtiger Nebenbuhler in der amerikanischen Massenproduktion von Getreide. Gegen diesen von der Natur selbst urbar gemachten und auf eine lange Reihe von Jahren gedüngten Boden, der um ein Spottgeld zu haben ist, können weder unsere verschuldeten Kleinbauern noch unsere ebenso tief in Schulden steckenden Großgrundbesitzer ankämpfen. Die ganze europäische landwirtschaftliche Betriebsweise erliegt vor der amerikanischen Konkurrenz. Ackerbau in Europa bleibt möglich nur, wenn er gesellschaftlich betrieben wird und für Rechnung der Gesellschaft.

Das sind die Aussichten für unsere Bauern. Und *das* Gute hat die Herstellung einer, wenn auch verkümmerten, freien Bauernklasse gehabt, daß sie den Bauer in eine Lage versetzt hat, in der er – mit dem Beistand seiner natürlichen Bundesgenossen, der Arbeiter – sich selbst helfen kann, sobald er nur begreifen will, *wie*.

Aber wie? – Durch eine Wiedergeburt der Mark, aber nicht in ihrer alten, überlebten, sondern in einer verjüngten Gestalt; durch eine solche Erneuerung der Bodengemeinschaft, daß diese den kleinbäuerlichen Genossen nicht nur alle Vorteile des Großbetriebs und der Anwendung der landwirtschaftlichen Maschinerie zuwendet, sondern ihnen auch die Mittel bietet, neben dem Ackerbau Großindustrie mit Dampf- oder Wasserkraft zu betreiben, und zwar für Rechnung nicht von Kapitalisten, sondern für Rechnung der Genossenschaft.

Ackerbau im großen und Benutzung der landwirtschaftlichen Maschinerie – das heißt mit anderen Worten: Überflüssigmachung der landwirtschaftlichen Arbeit des größten Teils der Kleinbauern, die jetzt ihre Felder selbst bestellen. Damit diese vom Feldbau verdrängten Leute nicht arbeitslos bleiben oder in die Städte gedrängt werden, dazu gehört industrielle Beschäftigung auf dem Lande selbst, und diese kann nur vorteilhaft für sie betrieben werden im großen, mit Dampf- oder Wasserkraft.

Wie das einrichten? Darüber denkt einmal nach, deutsche Bauern. Wer Euch dabei allein beistehen kann, das sind – die *Sozialdemokraten.*

Zur Geschichte der preußischen Bauern [Einleitung zu Wilhelm Wolffs Broschüre »Die schlesische Milliarde«][17]

Geschrieben im November 1885.
Erstmalig veröffentlicht in: Wilhelm Wolff: Die schlesische Milliarde, Hottingen-Zürich 1886.
Nach: MEW, Bd. 21, S. 238–247.
Dem Text liegt die Erstveröffentlichung zugrunde.

Zum Verständnis der folgenden Arbeit Wolffs muß ich einige Worte vorherschicken.

Deutschland, östlich der Elbe und nördlich des Erz- und Riesengebirgs, ist ein den eingedrungenen Slawen in der zweiten Hälfte des Mittelalters entrissenes, von deutschen Kolonisten wieder germanisiertes Land. Die erobernden deutschen Ritter und Barone, denen das Land zugeteilt wurde, taten sich auf als »Gründer« von Dörfern, legten ihr Gebiet in Dorffluren aus, deren jede in eine Anzahl gleich großer Bauergüter oder Hufen abgeteilt wurde. Zu jeder Hufe gehörte ein Hausplatz mit Hof und Garten im Dorf selbst. Diese Hufen wurden unter den herbeigezogenen fränkischen (rheinfränkischen und niederländischen), sächsischen und friesischen Kolonisten durchs Los verteilt; die Kolonisten hatten dafür an den Gründer, d. h. den Ritter oder Baron, sehr mäßige, fest bestimmte Abgaben und Dienste zu leisten. Die Bauern waren, solange sie diese Leistungen entrichteten, erbliche Herren auf ihren Hufen. Dazu hatten sie im Walde des Gründers (des späteren Gutsherrn) dieselben Nutzungsrechte an Holzung, Weide, Eichelmast etc., die die westdeutschen Bauern in ihrer gemeinen Mark besaßen. Die angebaute Dorfflur war dem Flurzwang unterworfen, wurde meist in Winterfeld, Sommerfeld und Brachfeld nach der Dreifelderwirtschaft bebaut; brache und abgeerntete Felder wurden vom Vieh der Bauernschaft und des Gründers gemeinsam beweidet. Alle Dorfangelegenheiten wurden in der Versammlung der Hofgenossen, d. h. der Hufenbesitzer, durch Majoritätsbeschluß erledigt. Die Rechte der adligen Gründer beschränkten sich auf Einziehung der Leistungen und Mitgenuß der Brach- und Stoppelweide, auf den Überschuß des Ertrages der Waldungen und den Vorsitz in der Versammlung der Hofgenossen, die alle persönlich freie Männer waren. Dies war der durchschnittliche Zustand der deutschen Bauern von der Elbe bis nach Ostpreußen und Schlesien. Und dieser Zustand war im ganzen bedeutend vorteilhafter als der gleichzeitige der west- und süddeutschen Bauern, die damals schon in einem heftigen, stets sich erneuernden Kampf um ihre alten ererbten Rechte mit den Feudalherren sich befanden und schon großenteils einer weit drückenderen, ihre persönliche Freiheit bedrohenden oder gar vernichtenden Form der Abhängigkeit verfallen waren.

Das steigende Geldbedürfnis der Feudalherren im 14. und 15. Jahrhundert führte selbstredend auch im Nordosten Versuche zu vertragswidriger Bedrückung und Ausbeutung der Bauern herbei. Aber keineswegs in demselben Maß und demselben Erfolg wie in Süddeutschland. Die Bevölkerung war östlich der Elbe noch dünn, das Ödland noch ausgedehnt; Urbarmachung dieses Ödlands, Ausbreitung der Kultur, Neuanlage von zinsbaren Dörfern blieb hier das sicherste Mittel der Bereicherung auch für den feudalen Grundherrn; dazu kam, daß hier, an der Reichsgrenze gegen Polen, sich schon größere Staaten gebildet hatten: Pommern, Brandenburg, Kursachsen (Schlesien war östreichisch), und daher der Landfriede besser eingehalten, die Fehden und Räubereien des Adels kräftiger unterdrückt wurden als in den zersplitterten Gebieten am Rhein, in Franken und Schwaben; wer aber am meisten unter diesem ewigen Kriegszustand litt, war eben der Bauer.

Nur in der Nachbarschaft unterworfner polnischer oder litauisch-preußischer Dörfer trat schon häufiger der Versuch des Adels hervor, die nach deutschem Hofrecht angesiedelten Kolonisten in dieselbe Leibeigenschaft zu drängen wie die polnischen und preußischen Untertanen. So in Pommern und im preußischen Ordensgebiet[18], seltner in Schlesien.

Infolge dieser günstigeren Lage blieben die ostelbischen Bauern von der gewaltigen Bewegung der süd- und westdeutschen Bauern im letzten Viertel des 15. und ersten des 16. Jahrhunderts fast unberührt, und als die Revolution von 1525 ausbrach, fand sie nur in Ostpreußen ein schwaches, ohne große Mühe unterdrücktes Echo. Die ostelbischen Bauern ließen ihre rebellierenden Brüder im Stich, und es geschah ihnen, wie sie es verdient hatten. In den Strichen, wo der große Bauernkrieg gewütet hatte, wurden die Bauern jetzt ohne

Sozialdemokratische Bibliothek.

VI.

Die schlesische Milliarde.

Von

Wilhelm Wolff.

Abdruck aus der „Neuen Rheinischen Zeitung“ März—April 1849.

Mit Einleitung von Friedrich Engels.

Hottingen-Zürich.
Verlag der Volksbuchhandlung.
1886.

Titelblatt der Separatausgabe

weiteres zu Leibeignen gemacht, ungemeßnen, nur von der Willkür des Grundherrn abhängigen Frondiensten und Lasten unterworfen und ihre freie Mark einfach in herrschaftliches Eigentum verwandelt, auf dem sie nur noch die Nutzungen behielten, die ihnen der Grundherr in seiner Gnade zuließ. Dieser selbe Idealzustand der feudalen Grundherrschaft, nach dem der deutsche Adel das ganze Mittelalter hindurch vergebens getrachtet und den er jetzt, beim Verfall der Feudalwirtschaft, endlich erreicht, wurde nun auch allmählich auf die ostelbischen Länder ausgedehnt. Nicht nur wurden die den Bauern kontraktlich zustehenden Nutzungsrechte im herrschaftlichen Wald, soweit sie nicht schon früher beschnitten, in widerrufbare Gnadenbewilligungen des Grundherrn umgewandelt; nicht nur wurden die Fronden und Zinse widerrechtlich erhöht, sondern es wurden auch neue Lasten eingeführt wie die Laudemien (Abgaben an den Grundherrn bei Sterbfall des bäuerlichen Hofbesitzers), die als Merkmale der Leibeigenschaft galten, oder altherkömmlichen, unverfänglichen Leistungen wurde der Charakter von solchen aufgeprägt, die nur Leibeigne, nicht aber freie Männer leisten. In weniger als hundert Jahren waren so die freien ostelbischen Bauern erst tatsächlich und bald darauf auch juristisch in Leibeigne verwandelt.

Der Feudaladel verbürgerlichte sich inzwischen mehr und mehr. Er wurde in stets steigendem Maß Schuldner der städtischen Geldkapitalisten, und Geld wurde damit sein dringendes Bedürfnis. Aber aus dem Bauer, seinem Leibeignen, war kein Geld herauszuschlagen, sondern zunächst nur Arbeit oder Ackerbauprodukt, und auch von diesem letzteren ergaben die unter den erschwerendsten Umständen bebauten Bauerhöfe nur ein Minimum über den allerkärglichsten Unterhalt der arbeitenden Besitzer hinaus. Daneben aber lagen die breitgedehnten, mit höriger oder leibeigner Fronarbeit unter verständiger Aufsicht für herrschaftliche Rechnung bebauten, einträglichen Landgüter der Klöster. Diese Art der Bewirtschaftung hatte der kleinere Adel bisher fast nie, der mächtigere und die Fürsten nur ausnahmsweise auf ihren Domänen betreiben können. Jetzt aber machte einerseits der hergestellte Landfriede die Großkultur überall möglich, während andererseits das wachsende Geldbedürfnis des Adels sie ihm mehr und mehr aufzwang. Die Bewirtschaftung großer Güter durch Fronarbeit leibeigner Bauern für Rechnung des Grundherrn wurde so allmählich die Einkommenquelle, die den Adel für das unzeitgemäß gewordne Raubrittertum schadlos halten mußte. Aber woher die nötige Bodenfläche nehmen? Der Adlige war zwar Grundherr über ein größeres oder geringeres Gebiet, aber dies war mit wenigen Ausnahmen ganz ausgetan an erbliche Zinsbauern[19], die an ihren Hofstellen und Hufen sowie an den Markberechtigungen ganz ebensoviel Recht hatten – solange sie die bedungnen Leistungen darbrachten – wie der gnädige Herr selbst. Hier mußte abgeholfen werden, und dazu tat vor allem die Verwandlung der Bauern in Leibeigne not. Denn wenn auch die Verjagung leibeigner Bauern von Haus und Hof nicht minder ein Rechtsbruch und eine Gewalttat war wie die freier Zinsleute, so ließ sie sich doch vermittelst des eingerißnen römischen Rechts weit leichter beschönigen. Kurz, nach gelungner Verwandlung der Bauern in Leibeigne jagte man die erforderliche Anzahl Bauern fort oder setzte sie als Kotsassen, Taglöhner mit Hütte und Gärtchen, wieder auf herrschaftliches Gebiet. Wenn die ehemaligen festen Burgen des Adels seinen neuen, mehr oder weniger offnen Landschlössern wichen, so wichen ebendeshalb in weit größerem Maß die Höfe ehemals freier Bauern den elenden Hütten leibeigner Dienstleute.

War das herrschaftliche Wirtschaftsgut – das Dominium, wie es in Schlesien heißt – einmal eingerichtet, so kam es nur noch darauf an, die Arbeitskraft der Bauern zu seiner Bearbeitung in Bewegung zu setzen. Und hier zeigte sich der zweite Vorteil der Leibeigenschaft. Die früheren, kontraktlich festgesetzten Frondienste der Bauern waren keineswegs für diesen Zweck bemessen. Sie beschränkten sich in der großen Mehrzahl auf Dienste im öffentlichen Interesse – Wege- und

Brückenbau usw. –, Bauarbeit an der herrschaftlichen Burg, Arbeiten der Weiber und Mädchen auf der Burg in verschiedenen Industriezweigen und persönlichen Gesindedienst. Sobald aber der Bauer in einen Leibeignen verwandelt und dieser durch die römischen Juristen dem römischen Sklaven gleichgestellt war, pfiff der gnädige Herr aus einer ganz andern Tonart. Unter Zustimmung der Juristen auf der Gerichtsbank forderte er jetzt von den Bauern ungemeßne Dienste, soviel, wann und wo es ihm beliebte. Der Bauer mußte für den Gutsherrn fronden, fahren, pflügen, säen und ernten, sobald er dazu aufgeboten, ob auch sein eignes Feld vernachlässigt wurde und seine eigne Ernte verregnete. Und ebenso wurde ihm sein Kornzins oder Geldzins bis auf die äußersten Grenzen der Möglichkeit hinaufgeschraubt.

Damit nicht genug. Der nicht minder edle Landesfürst, der östlich der Elbe ja überall vorhanden war, brauchte ebenfalls Geld, viel Geld. Dafür, daß er dem Adel erlaubte, seine Bauern zu unterjochen, erlaubte ihm der Adel, dieselben Bauern mit Staatssteuern zu belegen – der Adel selbst war ja steuerfrei! Und um dem Ganzen die Krone aufzusetzen, sanktionierte derselbe Landesfürst die eingerissene Verwandlung des früheren Vorsitzrechts des Grundherrn in dem – längst beseitigten – freien Hofgericht der Bauern in das Recht der Patrimonialgerichtsbarkeit und Gutspolizei, wonach der Gutsherr nicht nur Polizeichef, sondern auch alleiniger Richter über seine Bauern war – sogar in eigner Sache –, so daß der Bauer den Gutsherrn nur beim Gutsherrn selbst verklagen konnte. Damit war dieser Gesetzgeber, Richter und Vollstrecker in einer Person und auf seinem Gut vollständig unbeschränkter Herr.

Diese infamen Zustände, die nicht einmal in Rußland ihresgleichen finden – denn dort hatte der Bauer doch seine sich selbst regierende Gemeinde –, erreichten ihren Gipfelpunkt in der Zeit vom Dreißigjährigen Kriege[12] bis zur rettenden Niederlage von Jena[14]. Die Drangsalierungen des Dreißigjährigen Kriegs erlaubten dem Adel, die Unterjochung der Bauern zu vollenden; die Verödung zahlloser Bauernstellen erlaubte ihre ungehinderte Vereinigung mit dem Dominium des Ritterguts; die Wiederansässigmachung der von der Kriegsverwüstung gewaltsam ins Strolchtum getriebnen Bevölkerung bot ihm den Vorwand, sie erst recht als Leibeigne an die Scholle zu fesseln. Aber auch das nur auf kurze Zeit. Denn kaum waren in den nächsten fünfzig Jahren die furchtbaren Wunden des Kriegs einigermaßen vernarbt, die Felder wieder angebaut, die Bevölkerung gewachsen, so erstand von neuem der Hunger der edlen Grundherrn nach Bauernland und Bauernarbeit. Das herrschaftliche Dominium war nicht groß genug, um all die Arbeit aufzusaugen, die noch aus den Leibeignen herauszuschlagen war – dies Herausschlagen hier im buchstäblichsten Sinn. Das System, Bauern zu Kotsassen, leibeignen Taglöhnern zu degradieren, hatte sich vortrefflich bewährt. Von Anfang des achtzehnten Jahrhunderts an kommt es immer mehr in Schwung; es heißt nun: *»Bauernlegen«*. Man »legt« soviel Bauern man kann, je nach Umständen; zuerst läßt man noch soviel übrig, als zur Leistung der Spanndienste nötig, und verwandelt den Rest in Kotsassen (Dreschgärtner, Häusler, Instleute und wie sie sonst heißen)[20], die für eine Hütte mit kleinem Kartoffelstück jahraus, jahrein, gegen einen miserablen Taglohn in Korn und nur sehr wenig in Geld, auf dem Gut schanzen müssen. Wo der gnädige Herr reich genug ist, sein eignes Zugvieh stellen zu können, »legt« man auch die noch übrigen Bauern und schlägt ihre Hufen zum herrschaftlichen Wirtschaftsgut. Auf diese Weise ist der gesamte große Grundbesitz des deutschen Adels, namentlich aber des ostelbischen, *aus gestohlenem Bauernland* zusammengebracht, und wenn er den Räubern ohne alle Entschädigung wieder abgenommen wird, so geschieht ihnen nicht einmal ihr volles Recht. Eigentlich sollten sie noch dazu Entschädigung zahlen.

Allmählich merkten die Landesherren, daß dies System, so nützlich es für den Adel war, keineswegs in ihrem Interesse lag. Die Bauern hatten Staatssteuern gezahlt, eh sie gelegt worden;

von ihren mit dem steuerfreien Dominium zusammengeworfnen Hufen erhielt der Staat keinen Deut und kaum einen Heller von den neuangesetzten Kotsassen. Ein Teil der gelegten Bauern wurde ohnehin, als überflüssig für die Bewirtschaftung des Guts, einfach weggejagt und somit frei, d.h. vogelfrei gemacht. Die Bevölkerung des platten Landes nahm ab, und seitdem der Landesfürst anfing, sein kostspieliges Werbeheer auf dem wohlfeilern Weg der Aushebung unter den Bauern zu ergänzen, war ihm dies keineswegs gleichgültig. So finden wir namentlich in Preußen im ganzen 18. Jahrhundert Verordnungen über Verordnungen, die dem Bauernlegen Einhalt tun sollen; aber es geht ihnen wie neunundneunzig Hundertsteln der unermeßlichen Makulatur, die seit den Kapitularien Karls des Großen[21] von deutschen Regierungen zusammengeschrieben worden: sie galten eben nur auf dem Papier, der Adel ließ sich nur wenig stören, das Bauernlegen dauerte fort.

Selbst das furchtbare Exempel, das die große Revolution in Frankreich am eigensinnigen Feudaladel statuierte, schreckte nur für einen Augenblick. Es blieb alles beim alten, und was Friedrich II. nicht gekonnt[22], das konnte am allerwenigsten sein schwacher, kurzsichtiger Neffe Friedrich Wilhelm III. Da kam die Rache. Am 14. Oktober 1806 wurde der ganze preußische Staat an einem Tage bei Jena und Auerstedt in Stücke geschlagen, und der preußische Bauer hat alle Ursache, diesen Tag und den 18. März 1848 mehr zu feiern als alle preußischen Siege von Mollwitz bis Sedan[23]. Jetzt fing der bis über die russische Grenze zurückgejagten preußischen Regierung endlich an ein schwaches Licht aufzudämmern, daß man die freien, grundbesitzenden französischen Bauernsöhne nicht mit den Söhnen leibeigner, täglich der Verjagung von Haus und Hof ausgesetzter Fronbauern besiegen könne; jetzt endlich merkte sie, daß der Bauer sozusagen auch ein Mensch ist. Jetzt sollte eingeschritten werden.

Aber kaum war der Friede geschlossen und Hof und Regierung nach Berlin zurückgekehrt, so schmolzen auch die edlen Vorsätze wieder wie Eis in der Märzsonne. Das vielberühmte Edikt vom 9. Oktober 1807 hatte zwar den *Namen* der Leibeigenschaft oder Erbuntertänigkeit (und auch dies erst von Martini 1810 an!) auf dem Papier aufgehoben, in der Wirklichkeit aber fast alles beim alten gelassen. Dabei blieb's; der ebenso zaghafte wie bornierte König ließ sich nach wie vor vom bauernplündernden Adel leiten, so sehr, daß 1808–1810 vier Verordnungen[24] erschienen, die den Gutsherren in einer Reihe von Fällen das Bauernlegen wieder gestatteten – im Widerspruch mit dem Edikt von 1807. Erst als der Krieg Napoleons gegen Rußland bereits in Sicht war, erinnerte man sich wieder, daß man der Bauern bedürfen werde, und erließ das Edikt vom 14. September 1811[24], wodurch den Bauern und Grundherren *empfohlen* wurde, sich innerhalb zwei Jahren gütlich über Ablösung der Fronden und Lasten sowie des gutsherrlichen Obereigentums auseinanderzusetzen, indem nachher eine königliche Kommission diese Auseinandersetzung nach bestimmten Regeln zwangsweise vollführen werde. Als Hauptregel galt, daß der Bauer gegen Abtretung von einem Drittel seines Grundbesitzes (oder dessen Geldwert) in einen freien Eigentümer des ihm dann noch bleibenden Stücks verwandelt werden sollte. Aber selbst diese, dem Adel so enorm vorteilhafte Ablösung blieb Zukunftsmusik. Denn der Adel hielt zurück, um noch mehr zu erlangen, und nach Verlauf der zwei Jahre war Napoleon wieder im Land.

Kaum war dieser – unter fortwährenden Zukunftsverheißungen von Konstitution und Volksvertretung von seiten des angstvollen Königs – definitiv aus dem Land gejagt, so waren alle schönen Zusagen wieder vergessen. Am 29. Mai 1816 schon – noch nicht ein Jahr nach dem Sieg von Waterloo[25] – wurde eine Deklaration des Edikts von 1811 erlassen, die schon ganz anders lautete. Die Ablösbarkeit der Feudallasten war hier nicht mehr die Regel, sondern die Ausnahme: sie sollte nur gelten für solche in den Grundsteuerkatastern veranschlagte (also größere) Ackergüter, die bereits 1749 in Schlesien, 1752 in Ostpreußen, 1763 in Brandenburg und Pommern[1*] und 1774 in Westpreußen mit bäuerlichen Wirten besetzt gewesen! Auch durften einige Frondienste bei Saat und Ernte beibehalten werden. Und als endlich 1817 mit den Ablösungskommissionen Ernst gemacht wurde, ging die Agrargesetzgebung viel rascher rückwärts als die Agrarkommissionen vorwärts. Am 7. Juni 1821 erfolgte eine neue Ablösungsordnung, wodurch die Beschränkung der Ablösungsfähigkeit auf größere Bauernhöfe, sogenannte Ackernahrungen[27], neuerdings eingeschärft und die Verewigung der Frondienste und andrer Feudallasten für die Inhaber von kleineren Wirtschaften – Kotsassen, Häusler, Dreschgärtner, kurz alle angesiedelten Taglöhner – ausdrücklich festgestellt wurde. Dies blieb von nun an Regel. Erst 1845 wurde ausnahmsweise für Sachsen und Schlesien die Ablösung auch dieser Art Lasten anders als durch gegenseitige Einwilligung von Gutsherr und Bauer – wozu selbstredend kein Gesetz erforderlich – möglich gemacht. Ferner wurde der Kapitalbetrag, womit die in Geld oder Kornrente umgewandelten Dienste ein für allemal abgekauft werden konnten, auf das Fünfundzwanzigfache der Rente festgesetzt, und sollten die Abzahlungen nur in Summen von mindestens 100 Talern auf einmal erfolgen; während schon 1809 den Bauern auf den Staatsdomänen Abkauf zum zwanzigfachen Rentenbetrag gestattet war. Kurzum, die vielberühmte aufgeklärte Agrargesetzgebung des »Staats der Intelligenz«[28] hatte nur ein Bestreben: vom Feudalismus alles zu retten, was noch zu retten war.

Das praktische Ergebnis entsprach diesen jämmerlichen Maßregeln. Die Agrarkommissionen verstanden die wohl-

[1*] Die preußische Heimtücke ist unergründlich. Sie zeigt sich hier wieder im bloßen Datum. Warum nahm man 1763? Einfach weil im folgenden Jahr, 12. Juli 1764, Friedrich II. ein scharfes Edikt erlassen, worin den widerspenstigen Adligen bei Strafe befohlen wird, die seit 1740, namentlich aber seit Ausbruch des Siebenjährigen Kriegs[26], massenweise eingezognen Bauernhöfe und Kotsassenstellen binnen Jahresfrist wieder mit entsprechenden Wirten zu besetzen. Soweit dieses Edikt eine Wirkung hatte, wird sie also 1816 zugunsten des Adels wieder vernichtet.

wollenden Absichten der Regierung vollkommen und, wie im einzelnen von Wolff drastisch geschildert, sorgten sie dafür, daß bei den Ablösungen der Bauer zugunsten des Adligen gehörig geprellt wurde. Von 1816 bis 1848 wurden abgelöst 70582 bäuerliche Eigentümer mit einem Gesamtgrundbesitz von 5158827 Morgen; sie machten $^6/_7$ aller pflichtigen größeren Bauern aus. Dagegen wurden von den kleineren Stellenbesitzern nur 289651 abgelöst (davon über 228000 in Schlesien, Brandenburg und Sachsen). Die Zahl der insgesamt abgelösten jährlichen Diensttage betrug: an Spanndiensttagen: 5978295; an Handdiensttagen: 16869824. Dafür erhielt der hohe Adel eine Vergütung wie folgt: an Kapitalabzahlung 18544766 Taler; an Geldrenten jährlich 1599992 Taler; an Roggenrenten 260069 Scheffel jährlich; endlich an abgetretnem Bauernland 1533050 Morgen.[1*] Außer den sonstigen Entschädigungen erhielten die ehemaligen Grundherren also ein volles Drittel des bisherigen Bauernlandes!

Das Jahr 1848 öffnete endlich den ebenso bornierten wie eingebildeten preußischen Krautjunkern die Augen. Die Bauern – namentlich in Schlesien, wo das Latifundiensystem und die ihm entsprechende Herabdrückung der Bevölkerung zu taglöhnernden Kotsassen am stärksten entwickelt war – stürmten die Schlösser, verbrannten die schon abgeschlossenen Ablösungsurkunden und zwangen die gnädigen Herren zu schriftlichem Verzicht auf alle ferneren Leistungen. Diese Exzesse – auch in den Augen der damals herrschenden Bourgeoisie ruchlos – wurden allerdings mit Militärgewalt unterdrückt und streng geahndet; aber das sah nun auch der hirnloseste Junkerschädel ein: Die Frondienste waren unmöglich geworden, lieber gar keine als solche von diesen rebellischen Bauern! Jetzt kam es nur noch darauf an, zu retten, was noch zu retten war; und der grundbesitzende Adel hatte wirklich die Unverschämtheit, für diese unmöglich gewordnen Leistungen Entschädigung zu verlangen. Und kaum saß die

1* Siehe für diese Statistik: *Meitzen*, »Der Boden des preußischen Staats«, I. p. 432ff.[29]

Reaktion wieder einigermaßen fest im Sattel, so erfüllte sie diesen Wunsch.

Zunächst jedoch kam noch das Gesetz vom 9. Oktober 1848, welches alle schwebenden Ablösungsverhandlungen und daraus entstandnen Prozesse sowie eine ganze Reihe andrer Prozesse zwischen Gutsherren und Bauern sistierte. Hiermit war also die ganze vielgepriesene Agrargesetzgebung von 1807 an verurteilt. Dann aber, sobald die Berliner sogenannte Nationalversammlung glücklich gesprengt und der Staatsstreich gelungen war, hielt sich das feudal-bürokratische Ministerium Brandenburg-Manteuffel für stark genug, um dem Adel einen tüchtigen Schritt entgegenzukommen. Es erließ die provisorische Verordnung vom 20. Dezember 1848, wodurch die von den Bauern bis auf weitere Regelung zu leistenden Dienste usw. mit wenigen Ausnahmen auf dem alten Fuß wiederhergestellt wurden. Es war diese Verordnung, welche unserm Wolff den Anlaß gab, die schlesischen Bauernverhältnisse in der »Neuen Rheinischen Zeitung«[30] zu behandeln.

Indessen dauerte es noch über ein Jahr, bis das neue, schließliche Ablösungsgesetz vom 2. März 1850 zustande kam. Man kann die auch jetzt noch von den preußischen Patrioten in den Himmel erhobne Agrargesetzgebung von 1807–1847 nicht schärfer verurteilen, als es, widerwillig genug, in den Motiven zu diesem Gesetz geschieht – und es ist das Ministerium Brandenburg-Manteuffel, welches hier spricht.

Genug: einige unbedeutende Lasten wurden einfach aufgehoben, die Ablösung der andern durch Verwandlung in Geldrenten und deren Kapitalisierung zum achtzehnfachen Betrage dekretiert und zur Vermittlung der Kapitalabzahlung Rentenbanken errichtet, die vermittelst bekannter Amortisationsoperationen dem Gutsherrn den zwanzigfachen Rentenbetrag abzahlen sollen, während der Bauer durch sechsundfünfzigjährige Abzahlung von Amortisationsraten aller Verpflichtung erledigt wird.

Verurteilte das Ministerium in den Motiven die ganze

bisherige Agrargesetzgebung, so verurteilte die Kommission der Kammer das neue Gesetz. Dies sollte nicht für das durch die Französische Revolution längst von all dem Plunder befreite linke Rheinufer gelten; die Kommission schloß sich dem an, weil doch höchstens ein einziger von den 109 Paragraphen des Gesetzvorschlages dort anwendbar sei,

»während alle übrigen Bestimmungen dort durchaus nicht passen, vielmehr leicht Verwirrung und unnötige Aufregung hervorrufen könnten..., indem die Gesetzgebung auf dem linken Rheinufer in Beziehung auf Aufhebung der Reallasten *viel weiter gegangen sei, als man gegenwärtig gehn wolle*«[31],

und man doch den Rheinländern nicht zumuten könne, sich wieder auf den neupreußischen Idealzustand herunterbringen zu lassen.

Jetzt endlich wurde mit der Beseitigung der feudalen Arbeits- und Ausbeutungsformen Ernst gemacht. In wenigen Jahren war der Loskauf der Bauern durchgeführt. Von 1850 bis Ende 1865 wurden abgelöst: 1. der Rest der größeren bäuerlichen Besitzer; es waren ihrer nur noch 12706 mit einer Bodenfläche von 352305 Morgen; 2. die kleineren Besitzer mit Einschluß der Kotsassen; während aber bis 1848 deren nicht ganz 290000 abgelöst waren, hatten sich in den letzten fünfzehn Jahren volle 1014341 losgekauft. Dementsprechend war die Anzahl der auf die größern Wirtschaften fallenden abgelösten Spanndiensttage auch nur 356274, die der Handdiensttage dagegen 6670507. Ebenso war die Entschädigung, die in Grundstücken geleistet wurde und die auch nur auf die größern Bauernhöfe fiel, nur 113071 Morgen, und die in Roggen zu leistende Jahresrente 55522 Scheffel. Dagegen erhielt der Grundadel an neuen jährlichen Geldrenten 3890136 Taler und außerdem an endgültiger Kapitalabfindung fernere 19697483 Taler.[1*]

Die Summe, die die gesamte preußische Grundherrschaft, mit Einschluß der Staatsdomänen, sich aus der Tasche der Bauern hat zahlen lassen für die freie Rückgabe eines Teils des

[1*] Diese Zahlen ergeben sich als Differenz der Totalsummen der beiden Tabellen bei Meitzen, I. S. 432 und 434.[32]

den Bauern früher – bis in dies Jahrhundert hinein – geraubten Bodens, beträgt nach Meitzen I. S. 437: 213 861 035 Taler. Dies ist aber viel zu gering. Denn der Morgen Kulturland ist hierbei *»nur«* zu 20 Taler, der Morgen Forstland zu 10 Taler und der Scheffel Roggen zu 1 Taler angerechnet, also viel zu niedrig. Ferner sind hier nur die »mit Sicherheit feststehnden Abfindungen« zugrunde gelegt, also mindestens alle privatim zwischen den Beteiligten gemachten Auseinandersetzungen unberücksichtigt gelassen, wie denn Meitzen selbst sagt, die hier aufgeführten abgelösten Leistungen, also auch die dafür gezahlten Entschädigungen seien nur ein »Minimum«.

Wir können also die von den Bauern an Adel und Fiskus zur Befreiung von widerrechtlich aufgelegten Lasten gezahlte Summe auf mindestens 300 000 000 Taler, vielleicht eine Milliarde Mark annehmen.

Eine Milliarde Mark, um nur den kleinsten Teil des seit vierhundert Jahren geraubten Bodens lastenfrei zurückzuerhalten! Den kleinsten Teil, denn den weitaus größten Teil behielt Adel und Fiskus ohnehin zurück in Gestalt von Majorats- und andern Rittergütern und Domänen!

London, 24. November 1885 *Friedrich Engels*

Die Bauernfrage in Frankreich und Deutschland[33]

Geschrieben zwischen dem 15. und 22. November 1894.
Erstmalig veröffentlicht in: Die Neue Zeit (Stuttgart), XIII. Jahrgang 1894/1895, Erster Band, S. 292–306.
Nach: MEW, Bd. 22, S. 485–505.
Dem Text liegt die Erstveröffentlichung zugrunde.

Die bürgerlichen und reaktionären Parteien wundern sich ungemein, daß jetzt plötzlich und überall bei den Sozialisten die Bauernfrage auf die Tagesordnung kommt. Sie sollten sich, von Rechts wegen, wundern, daß dies nicht längst geschehn. Von Irland bis Sizilien, von Andalusien bis Rußland und Bulgarien ist der Bauer ein sehr wesentlicher Faktor der Bevölkerung, der Produktion und der politischen Macht. Nur zwei westeuropäische Gebiete bilden eine Ausnahme. Im eigentlichen Großbritannien hat Großgrundbesitz und große Agrikultur den selbstwirtschaftenden Bauer total verdrängt; im ostelbischen Preußen ist derselbe Prozeß seit Jahrhunderten im Gang, und auch hier wird der Bauer mehr und mehr entweder »gelegt« oder doch ökonomisch und politisch in den Hintergrund gedrängt.

Als politischer Machtfaktor bewährt sich der Bauer bisher meist nur durch seine in der Isolierung des Landlebens begründete Apathie. Diese Apathie der großen Masse der Bevölkerung ist die stärkste Stütze nicht nur der parlamentarischen Korruption in Paris und Rom, sondern auch des russischen Despotismus. Aber sie ist durchaus nicht unüberwindlich. Seit dem Entstehen der Arbeiterbewegung ist es in Westeuropa, besonders da, wo das bäuerliche Parzelleneigentum vorherrscht, den Bourgeois nicht eben schwer geworden, der Bauernphantasie die sozialistischen Arbeiter als partageux, als »Teiler« verdächtig und verhaßt zu machen, als faule, gierige Städter, die auf das Bauerneigentum spekulieren. Die unklaren sozialistischen Aspirationen der Februarrevolution 1848[16] wurden durch die reaktionären Stimmzettel der französischen Bauern rasch aus dem Weg geschafft; der Bauer, der seine Ruh' haben wollte, holte nun noch aus dem Schatz seiner Erinnerungen die Legende vom Bauernkaiser Napoleon[34] hervor und schuf das Zweite Kaiserreich. Wir alle wissen, was diese eine Bauerntat dem französischen Volk gekostet hat; an ihren Folgen laboriert es noch heut.

Seit jener Zeit aber hat sich manches geändert. Die Entwicklung der kapitalistischen Produktionsform hat dem

Kleinbetrieb in der Landwirtschaft den Lebensnerv abgeschnitten; er verfällt und verkommt unrettbar. Die Konkurrenz Nord- und Südamerikas und Indiens hat den europäischen Markt mit wohlfeilem Getreide überschwemmt, so wohlfeil, daß kein einheimischer Produzent damit konkurrieren kann. Großgrundbesitzer und Kleinbauer sehn beide gleichmäßig den Untergang vor Augen. Und da sie beide Grundbesitzer und Landleute sind, wirft sich der Großgrundbesitzer zum Vorkämpfer der Interessen des Kleinbauern auf, und der Kleinbauer – im ganzen und großen – akzeptiert diesen Vorkämpfer.

Inzwischen aber ist im Westen eine mächtige sozialistische Arbeiterpartei herangewachsen. Die dunklen Ahnungen und Gefühle aus der Zeit der Februarrevolution haben sich geklärt, ausgeweitet, vertieft zu einem allen wissenschaftlichen Ansprüchen genügenden Programm mit bestimmten handgreiflichen Forderungen; diese Forderungen werden vertreten im deutschen, im französischen, im belgischen Parlament von einer stets wachsenden Zahl sozialistischer Abgeordneten. Die Eroberung der politischen Macht durch die sozialistische Partei ist in absehbare Nähe gerückt. Um aber die politische Macht zu erobern, muß diese Partei vorher von der Stadt aufs Land gehn, muß eine Macht werden auf dem Land. Sie, die vor allen andern Parteien voraus hat die klare Einsicht in den Zusammenhang der ökonomischen Ursachen mit den politischen Folgen, die also auch die Wolfsgestalt unter dem Schafspelz des großgrundherrlichen zudringlichen Bauernfreunds längst erspäht hat – darf sie den dem Untergang geweihten Bauern ruhig in den Händen seiner falschen Beschützer lassen, bis er aus einem passiven in einen aktiven Gegner der industriellen Arbeiter verwandelt wird? Und damit sind wir inmitten der Bauernfrage.

I

Die Landbevölkerung, an die wir uns wenden können, besteht aus sehr verschiednen Bestandteilen, die je nach den einzelnen Gegenden wieder sehr verschiedner Art sind.

Im Westen Deutschlands, wie in Frankreich und Belgien, herrscht die kleine Kultur von Parzellenbauern vor, die in der Mehrzahl Eigentümer, in der Minderzahl Pächter ihrer Landstücke sind.

Im Nordwesten – Niedersachsen und Schleswig-Holstein – gibt es vorwiegend große und Mittelbauern, die ohne Knechte und Mägde und selbst Tagelöhner nicht fertig werden. Ebenso in einem Teil von Bayern.

Im ostelbischen Preußen und Mecklenburg haben wir das Gebiet des großen Grundbesitzes und der großen Kultur mit Hofgesinde, Instleuten[20] und Taglöhnern, dazwischen Klein- und Mittelbauern in relativ schwacher und stets abnehmender Proportion.

In Mitteldeutschland finden sich alle diese Betriebs- und Besitzformen je nach der Lokalität in verschiedenen Verhältnissen gemischt, ohne bestimmtes Vorherrschen der einen oder andern auf einer größeren Fläche.

Außerdem gibt es Gegenden von verschiedner Ausdehnung, wo das eigne oder gepachtete Ackerland zur Ernährung der Familie nicht ausreicht, sondern nur als Grundlage dient für den Betrieb einer Hausindustrie und dieser letzteren die sonst unbegreiflichen, niedrigen Löhne sicherstellt, welche den Produkten, gegenüber aller fremden Konkurrenz, stetigen Absatz verschaffen.

Welche von diesen Unterabteilungen der Landbevölkerung können für die sozialdemokratische Partei gewonnen werden? Wir untersuchen diese Frage selbstredend nur in ihren großen Zügen; wir nehmen nur die scharf ausgeprägten Formen heraus; zur Berücksichtigung der Mittelstufen und gemischten Landbevölkerungen fehlt uns der Raum.

Fangen wir an mit dem Kleinbauer. Er ist nicht nur für

Westeuropa im allgemeinen von allen Bauern der wichtigste, sondern er liefert uns auch den für die ganze Frage kritischen Fall. Sind wir uns über unsre Stellung zum Kleinbauern klar, so haben wir alle Anhaltspunkte zur Bestimmung unsrer Haltung gegenüber den andern Bestandteilen des Landvolks.

Unter Kleinbauer verstehen wir hier den Eigentümer oder Pächter – namentlich den ersteren – eines Stückchens Land, nicht größer, als er mit seiner eignen Familie in der Regel bebauen kann, und nicht kleiner, als was die Familie ernährt. Dieser Kleinbauer, wie der kleine Handwerker, ist also ein Arbeiter, der sich vom modernen Proletarier dadurch unterscheidet, daß er noch im Besitz seiner Arbeitsmittel ist; also ein Überbleibsel einer vergangnen Produktionsweise. Von seinem Vorfahren, dem leibeignen, hörigen oder sehr ausnahmsweise auch freien zins- und fronpflichtigen Bauern, unterscheidet er sich dreifach. Erstens dadurch, daß die Französische Revolution ihn von den feudalen Lasten und Diensten, die er dem Grundherrn schuldete, befreit und in der Mehrzahl der Fälle, wenigstens auf dem linken Rheinufer, ihm sein Bauerngut als freies Eigen überantwortet hat. – Zweitens dadurch, daß er den Schutz und die Beteiligung an der selbstverwaltenden Markgenossenschaft und damit seinen Anteil an den Nutzungen der früheren gemeinen Mark verloren hat. Die gemeine Mark ist teils vom ehemaligen Feudalherrn, teils durch aufgeklärt-römischrechtlich-bürokratische Gesetzgebung wegeskamotiert und dem modernen Kleinbauern damit die Möglichkeit entzogen, sein Arbeitsvieh ohne gekauftes Futter zu ernähren. Ökonomisch wiegt aber der Verlust der Marknutzungen den Wegfall der Feudallasten überreichlich auf; die Zahl der Bauern, die kein eignes Arbeitsvieh halten können, wächst fortwährend. – Drittens unterscheidet der heutige Bauer sich durch den Verlust der Hälfte seiner früheren produktiven Tätigkeit. Früher erzeugte er mit seiner Familie aus selbsterzeugtem Rohstoff den größten Teil der Industrieprodukte, deren er bedurfte; was sonst noch nötig, besorgten Dorfnachbarn, die Handwerk neben dem Landbau betrieben und meist in Tauschartikeln oder Gegendiensten bezahlt wurden. Die Familie und noch mehr das Dorf genügte sich selbst, produzierte fast alles, was es brauchte. Es war fast reine Naturalwirtschaft, Geld wurde fast gar nicht benötigt. Die kapitalistische Produktion hat dem ein Ende gemacht vermittelst der Geldwirtschaft und der großen Industrie. War aber die Marknutzung die eine Grundbedingung seiner Existenz, so war der industrielle Nebenbetrieb die andere. Und so sinkt der Bauer immer tiefer. Steuern, Mißwachs, Erbteilungen, Prozesse treiben einen Bauer nach dem andern zum Wucherer, die Verschuldung wird immer allgemeiner und für jeden einzelnen immer tiefer – kurz, unser Kleinbauer ist wie jeder Überrest einer vergangnen Produktionsweise unrettbar dem Untergang verfallen. Er ist ein zukünftiger Proletarier.

Als solcher sollte er der sozialistischen Propaganda offne Ohren leihen. Daran aber verhindert ihn einstweilen noch sein eingefleischter Eigentumssinn. Je schwerer ihm der Kampf wird um sein gefährdetes Fetzchen Land, mit desto gewaltsamerer Verzweiflung klammert er sich daran fest, um so mehr sieht er im Sozialdemokraten, der von Überweisung des Grundeigentums an die Gesamtheit spricht, einen ebenso gefährlichen Feind wie im Wucherer und Advokaten. Wie soll die Sozialdemokratie dies Vorurteil überwinden? Was kann sie dem untergehenden Kleinbauer bieten, ohne sich selbst untreu zu werden?

Hier finden wir einen praktischen Anhaltspunkt im Agrarprogramm der französischen Sozialisten marxistischer Richtung, das um so beachtenswerter ist, weil es aus dem klassischen Land der Kleinbauernwirtschaft kommt.

Auf dem Marseiller Kongreß 1892 wurde das erste Agrarprogramm der Partei angenommen.[35] Es verlangt für die besitzlosen ländlichen *Arbeiter* (also Taglöhner und Hofgesinde): Minimallohn, durch Fachvereine und Gemeinderäte festgesetzt; ländliche Gewerbegerichte, zur Hälfte aus Arbeitern bestehend; Verbot des Verkaufs von Gemeindeland und Verpachtung der Staatsdomänen an die Gemeinden, die dies sämtliche eigne und gepachtete Land an Assoziationen besitzloser Landarbeiterfamilien zur gemeinsamen Bebauung, unter Verbot der Anwendung von Lohnarbeitern und unter Kontrolle der Gemeinde, vermieten sollen; Alters- und Invaliditätspensionen, bestritten durch eine besondre Steuer auf das Großgrundeigentum.

Für die *Kleinbauern,* worunter hier noch die Pächter speziell berücksichtigt werden, wird gefordert: Anschaffung von landwirtschaftlichen Maschinen durch die Gemeinde zur Vermietung zum Kostpreis an die Bauern; Bildung bäuerlicher Genossenschaften zum Ankauf von Dünger, Drainröhren, Aussaat etc. und zum Verkauf der Produkte; Aufhebung der Steuer auf den Eigentumswechsel von Grundbesitz, wenn der Wert nicht über 5 000 frs. beträgt; schiedsrichterliche Kommissionen nach irischem Muster zur Herabsetzung übermäßiger Pachtpreise und zur Entschädigung der abtretenden Pächter und Teilpächter (métayers) für durch sie erwirkte Wertsteigerung des Grundstücks; Abschaffung des Art. 2102 des Code civil[13], der dem Grundeigentümer ein Pfandrecht auf die Ernte gibt, und Abschaffung des Rechts der Gläubiger, die wachsende Ernte zu pfänden; Feststellung eines unpfändbaren Bestands von Ackergerät, Ernte, Aussaat, Dünger, Arbeitsvieh, kurz von allem, was dem Bauern zum Betrieb seines Geschäfts unumgänglich ist; Revision des längst veralteten allgemeinen Landeskatasters und bis dahin lokale Revision in jeder Gemeinde; endlich unentgeltlichen landwirtschaftlichen Fortbildungsunterricht und landwirtschaftliche Versuchsstationen.

Man sieht, die Forderungen im Interesse der Bauern – die zugunsten der Arbeiter gehn uns hier einstweilen nichts an – sind nicht sehr weitgehend. Ein Teil davon ist anderwärts schon durchgeführt. Die Pächter-Schiedsgerichte berufen sich ausdrücklich auf irisches Vorbild. Die bäuerlichen Genossenschaften bestehn schon in den Rheinlanden. Die Katasterrevision ist in ganz Westeuropa ein stehender frommer Wunsch aller Liberalen und selbst Bürokraten. Auch die übrigen Punkte könnten durchgeführt werden, ohne der bestehenden kapitalistischen Ordnung wesentlichen Schaden zu tun. Dies einfach zur Charakterisierung des Programms; ein Vorwurf liegt nicht darin, im Gegenteil.

Mit diesem Programm machte die Partei bei den Bauern der verschiedensten Gegenden Frankreichs so gute Geschäfte, daß – der Appetit kommt ja mit dem Essen – man sich gedrungen fühlte, es noch weiter dem Geschmack der Bauern anzupassen. Man fühlte allerdings, daß man sich da auf gefährlichen Boden begab. Wie sollte man dem Bauer helfen können, dem Bauer nicht als zukünftigem Proletarier, sondern als gegenwärtigem besitzendem Bauer, ohne die Grundprinzipien des allgemeinen sozialistischen Programms zu verletzen? Um diesem Einwand zu begegnen, leitete man die neuen praktischen Vorschläge ein mit einer theoretischen Motivierung, welche nachzuweisen sucht, daß es im Prinzip des Sozialismus liegt, das kleinbäuerliche Eigentum gegen den Untergang durch die kapitalistische Produktionsweise zu schützen, obwohl man selbst vollkommen einsieht, daß dieser Untergang unvermeidlich ist. Diese Motivierung wie die Forderungen selbst, die im September d. J. auf dem Kongreß von Nantes angenommen wurden, wollen wir uns jetzt näher ansehn.[36]

Die Motivierung beginnt:

»In Erwägung, daß nach dem Wortlaut des allgemeinen Programms der Partei die Produzenten frei sein können nur soweit sie sich im Besitz der Produktionsmittel befinden;

in Erwägung, daß zwar auf dem Gebiet der Industrie diese Produktionsmittel bereits bis zu dem Grad kapitalistisch zentralisiert sind, daß sie den Produzenten nur in gemeinschaftlicher oder gesellschaftlicher Form zurückgegeben werden können; daß dies aber – wenigstens im heutigen Frankreich – auf dem Gebiet des Landbaus keineswegs der Fall ist, das Produktionsmittel, nämlich der Boden, vielmehr noch in sehr vielen Orten sich als Einzelbesitz in den Händen der einzelnen Produzenten befindet;

in Erwägung, daß, wenn dieser durch das Parzelleneigentum charakterisierte Zustand unrettbar dem Untergang geweiht ist (est fatalement appelé à disparaître), dennoch der Sozialismus diesen

Untergang nicht zu beschleunigen hat, da ja seine Aufgabe nicht darin besteht, das Eigentum von der Arbeit zu scheiden, sondern im Gegenteil in denselben Händen diese beiden Faktoren aller Produktion zu vereinigen, Faktoren, deren Trennung die Knechtschaft und das Elend der zu Proletariern herabgedrückten Arbeiter zur Folge hat;

in Erwägung, daß, wenn es einerseits die Pflicht des Sozialismus ist, die Ackerbauproletarier wieder in den Besitz – in gemeinschaftlicher oder gesellschaftlicher Form – der großen Domänen zu setzen, nach Enteignung der jetzigen müßigen Eigentümer derselben, es andrerseits seine nicht weniger gebieterische Pflicht ist, die selbstarbeitenden Bauern im Besitz ihrer Landstückchen zu erhalten gegenüber dem Fiskus, dem Wucher und den Eingriffen der neuerstandnen großen Grundherren;

in Erwägung, daß es angemessen ist, diesen Schutz auszudehnen auf die Produzenten, die unter dem Namen Pächter oder Teilpächter (métayers) fremdes Land bebauen und die, wenn sie Taglöhner ausbeuten, dazu gewissermaßen gezwungen sind durch die an ihnen selbst verübte Ausbeutung –

hat die Arbeiterpartei – die, im Gegensatz zu den Anarchisten, für die Umgestaltung der gesellschaftlichen Ordnung nicht auf die Steigerung und Ausbreitung des Elends rechnet, sondern die Befreiung der Arbeit und der Gesellschaft überhaupt nur erwartet von der Organisation und den gemeinsamen Anstrengungen der Arbeiter sowohl des Landes wie der Städte, von ihrer Besitzergreifung der Regierung und der Gesetzgebung – das folgende Agrarprogramm angenommen, um dadurch alle Elemente der ländlichen Produktion, alle Tätigkeiten, die unter verschiedenen Rechtstiteln den nationalen Grund und Boden verwerten, zusammenzubringen in demselben Kampf gegen den gemeinsamen Feind: die Feudalität des Grundbesitzes.«

Sehen wir uns nun diese »Erwägungen« etwas näher an.

Zunächst muß der Satz des französischen Programms, daß die Freiheit der Produzenten den Besitz der Produktionsmittel voraussetzt, ergänzt werden durch die gleich darauf folgenden: daß der Besitz der Produktionsmittel nur in zwei Formen möglich ist: entweder als Einzelbesitz, welche Form nie und nirgends allgemein für die Produzenten bestanden hat und täglich mehr durch den industriellen Fortschritt unmöglich gemacht wird; oder aber als Gemeinbesitz, eine Form, deren materielle und intellektuelle Voraussetzungen schon durch die Entwicklung der kapitalistischen Gesellschaft selbst hergestellt worden sind; daß also die *gemeinschaftliche* Besitzergreifung der Produktionsmittel zu erkämpfen ist mit allen dem Proletariat zur Verfügung stehenden Mitteln.

Der Gemeinbesitz der Produktionsmittel wird also hier als einziges zu erstrebendes Hauptziel aufgestellt. Nicht nur für die Industrie, wo der Boden schon vorbereitet ist, sondern allgemein, also auch für die Agrikultur. Der Einzelbesitz hat nach dem Programm nie und nirgends allgemein für alle Produzenten gegolten; ebendeshalb, und weil der industrielle Fortschritt ihn ohnehin beseitigt, hat der Sozialismus kein Interesse an seiner Aufrechterhaltung, wohl aber an seiner Beseitigung; denn da, wo und soweit er besteht, macht er den Gemeinbesitz unmöglich. Wenn wir uns einmal auf das Programm berufen, dann auch auf das ganze Programm, das den in Nantes zitierten Satz sehr bedeutend modifiziert, indem es die darin ausgesprochene allgemein-geschichtliche Wahrheit erst in die Bedingungen faßt, unter denen allein sie heute in Westeuropa und Nordamerika eine Wahrheit bleiben kann.

Der Besitz der Produktionsmittel durch die einzelnen Produzenten verleiht heutzutage diesen Produzenten keine wirkliche Freiheit mehr. Das Handwerk in den Städten ist schon ruiniert, in Großstädten wie London ist es sogar schon total verschwunden, ersetzt durch Großindustrie, Schwitzsystem [37] und elende Pfuscher, die vom Bankerott leben. Der selbstwirtschaftende Kleinbauer ist weder im sichern Besitz seines Stückchens Land, noch ist er frei. Er wie sein Haus, sein Hof, seine paar Felder gehören dem Wucherer; seine Existenz ist unsicherer als die des Proletariers, der wenigstens dann und wann ruhige Tage erlebt, was dem gepeinigten Schuldsklaven nie vorkommt. Streicht den Artikel 2102 des Bürgerlichen Gesetzbuchs, sichert dem Bauern durchs Gesetz einen unpfändbaren Bestand an Ackergerät, Vieh etc.; gegen eine Zwangslage, worin er sein Vieh »freiwillig« selbst verkaufen, wo er sich mit Leib und Seele dem Wucherer verschreiben muß und froh ist, sich eine Galgenfrist zu erkaufen, könnt ihr ihn nicht sichern. Euer Versuch, den Kleinbauern in seinem Eigentum zu schützen, schützt nicht seine Freiheit, sondern nur die besondere Form seiner Knechtschaft; sie verlängert eine Lage, worin er weder leben noch sterben kann; die Berufung auf den ersten Absatz eures Programms ist also hier keineswegs am Platz.

Die Motivierung sagt, im heutigen Frankreich befinde sich das Produktionsmittel, nämlich der Boden, noch an sehr vielen Orten als Einzelbesitz in den Händen der einzelnen Produzenten; die Aufgabe des Sozialismus aber sei nicht, das Eigentum von der Arbeit zu scheiden, sondern im Gegenteil, diese beiden Faktoren aller Produktion in denselben Händen zu vereinigen. – Wie bereits angedeutet, ist letzteres in dieser Allgemeinheit keineswegs die Aufgabe des Sozialismus; seine Aufgabe ist vielmehr nur die Übertragung der Produktionsmittel an die Produzenten als *Gemeinbesitz*. Sobald wir dies aus den Augen lassen, führt uns obiger Satz direkt in die Irre, nämlich dahin, daß der Sozialismus berufen sei, das jetzige Scheineigentum des kleinen Bauern an seinen Feldern in wirkliches zu verwandeln, also den kleinen Pächter in einen Eigentümer und den verschuldeten in einen schuldenfreien Eigentümer. Der Sozialismus hat allerdings ein Interesse daran, daß dieser falsche Schein des bäuerlichen Eigentums verschwinde; aber nicht auf diese Art.

Jedenfalls sind wir nun so weit, daß die Motivierung es schlankweg für die Pflicht des Sozialismus erklären kann, und zwar für seine gebieterische Pflicht,

»die selbstarbeitenden Bauern im Besitz ihrer Landstückchen zu erhalten gegenüber dem Fiskus, dem Wucher und den Eingriffen der neuerstandenen großen Grundherren«.

Die Motivierung überträgt hiermit dem Sozialismus die gebieterische Pflicht, etwas durchzuführen, was sie im vorigen Absatz für unmöglich erklärt hat. Sie gibt ihm auf, das Parzelleneigentum der Bauern zu »erhalten«, trotzdem sie selbst sagt, dies Eigentum sei »unrettbar dem Untergang geweiht«. Der Fiskus, der Wucher und die neuerstandnen großen Grundherren, was sind sie anders als nur die Instrumente, durch welche die kapitalistische Produktion diesen unvermeidlichen Untergang vollzieht? Mit welchen Mitteln »der Sozialismus« den Bauer gegen diese Dreieinigkeit schützen soll, werden wir weiter unten sehn.

Aber nicht nur der Kleinbauer soll in seinem Eigentum geschützt werden. Es ist ebenfalls

»angemessen, diesen Schutz auszudehnen auf die Produzenten, die unter dem Namen Pächter oder Teilpächter (métayers) fremdes Land bebauen und die, wenn sie Taglöhner ausbeuten, dazu gewissermaßen gezwungen sind durch die an ihnen selbst verübte Ausbeutung«.

Hier kommen wir schon auf ein ganz absonderliches Gebiet. Der Sozialismus richtet sich ganz speziell gegen die Ausbeutung der Lohnarbeit. Und hier wird es für die gebieterische Pflicht des Sozialismus erklärt, die französischen Pächter dabei zu schützen, wenn sie »Taglöhner *ausbeuten*« – so heißt es wörtlich! Und zwar, weil sie gewissermaßen dazu gezwungen werden »durch die an ihnen selbst verübte Ausbeutung«!

Wie leicht und angenehm es sich doch abwärtsrutscht, ist man erst einmal auf der schiefen Ebene! Wenn nun der Groß- und Mittelbauer Deutschlands kommt und bittet die französischen Sozialisten, sich beim deutschen Parteivorstand zu verwenden, daß die deutsche sozialdemokratische Partei ihn schütze in der Ausbeutung seiner Knechte und Mägde, und sich dabei beruft auf die durch Wucherer, Steuereinnehmer, Getreidespekulanten und Viehhändler »an ihm selbst verübte Ausbeutung« – was werden sie antworten? Und wer steht ihnen dafür, daß nicht auch unsre agrarischen Großgrundbesitzer ihnen den Grafen Kanitz schicken (der ja auch einen dem ihrigen ähnlichen Antrag auf Verstaatlichung der Getreideeinfuhr gestellt) und ebenfalls um sozialistischen Schutz bitten für ihre Ausbeutung der Landarbeiter, unter Berufung auf die »an ihnen selbst verübte Ausbeutung« durch Börse, Zins- und Getreidewucherer?

Sagen wir hier gleich, daß unsre französischen Freunde es lange nicht so böse meinen, wie es den Anschein hat. Der obige Absatz soll nämlich nur einen ganz speziellen Fall treffen, nämlich diesen: Im Norden Frankreichs, wie in unsern Zuckerrübengebieten, wird den Bauern Land mit der Verpflichtung zum Rübenbau unter äußerst lästigen Bedingungen vermietet; sie müssen die Rüben an die bestimmte Fabrik zu dem von dieser festgesetzten Preis verkaufen, müssen bestimmten Samen kaufen, ein festgesetztes Quantum vorgeschriebner Düngung verwenden und werden obendrein noch bei der Ablieferung schmählich geprellt. Das alles kennen wir in Deutschland ja auch. Wollte man aber einmal diese Sorte Bauern unter seinen Schutz nehmen, so mußte man dies direkt und ausdrücklich sagen. Wie der Satz dasteht, in seiner unbegrenzten Allgemeinheit, ist er eine direkte Verletzung nicht nur des französischen Programms, sondern des Grundprinzips des Sozialismus überhaupt, und seine Verfasser werden sich nicht beklagen können, wenn diese nachlässige Redaktion von den verschiedensten Seiten gegen ihre Absicht ausgebeutet wird.

Derselben Mißdeutung fähig sind die Schlußworte der Motivierung, wonach die sozialistische Arbeiterpartei die Aufgabe hat,

»alle Elemente der ländlichen Produktion, alle Tätigkeiten, die unter verschiednen Rechtstiteln den nationalen Grund und Boden verwerten, zusammenzubringen in demselben Kampf gegen den gemeinsamen Feind: die Feudalität des Grundbesitzes«.

Ich leugne gradezu, daß die sozialistische Arbeiterpartei irgendeines Landes die Aufgabe hat, außer den Landproletariern und Kleinbauern auch die Mittel- und Großbauern, oder gar die Pächter großer Güter, die kapitalistischen Viehzüchter und die andern kapitalistischen Verwerter des nationalen Grund und Bodens in ihren Schoß aufzunehmen. Ihnen allen mag die Feudalität des Grundbesitzes als gemeinsamer Feind erscheinen. Wir mögen in gewissen Fragen mit ihnen zusammengehn, für bestimmte Zwecke eine Zeitlang an ihrer

Seite kämpfen können. Aber in unsrer Partei können wir zwar Individuen aus jeder Gesellschaftsklasse, aber durchaus keine kapitalistischen, keine mittelbürgerlichen oder mittelbäuerlichen Interessengruppen gebrauchen. Auch hier ist es nicht so schlimm gemeint, wie es aussieht; an alles das haben die Verfasser offenbar gar nicht gedacht; leider aber ist der Generalisationsdrang mit ihnen durchgegangen, und es darf sie nicht wundern, wenn man sie eben beim Wort nimmt.

Nach der Motivierung kommen nun die neubeschlossenen Zusätze zum Programm selbst. Sie verraten dieselbe Flüchtigkeit der Redaktion wie jene.

Der Artikel, wonach die Gemeinden landwirtschaftliche Maschinen anschaffen und sie zu den Selbstkosten an die Bauern vermieten sollen, wird geändert dahin, daß die Gemeinden erstens Staatszuschüsse für diesen Zweck erhalten und zweitens die Maschinen den Kleinbauern gratis zur Verfügung stellen sollen. Diese weitere Konzession wird den Kleinbauern, deren Felder und Betriebsweise nur wenig Maschinengebrauch zulassen, sicher auf keinen besonders grünen Zweig helfen.

Ferner:

»Ersatz aller bestehenden indirekten und direkten Steuern durch eine einzige progressive Steuer auf alle Einkommen von mehr als 3000 Franken.«

Eine ähnliche Forderung findet sich seit Jahren in fast jedem sozialdemokratischen Programm. Daß sie aber speziell im Interesse der Kleinbauern aufgestellt wird, ist neu und beweist nur, wie wenig man ihre Tragweite berechnet hat. Nehmen wir England. Dort beträgt das Staatsbudget 90 Millionen Pfund Sterling. Davon werden aufgebracht durch die Einkommensteuer $13^1/_2$ bis 14 Millionen, die übrigen 76 Millionen zum kleineren Teil durch Besteuerung von Geschäften (Post, Telegraphen, Stempel), zum weitaus größten Teil aber durch Auflagen auf die Massenkonsumtion, durch stets wiederholtes Abzwacken, in kleinen, unmerklichen, aber sich zu vielen Millionen aufsummierenden Beträgen, vom Einkommen aller

Einwohner, vornehmlich aber der ärmeren. Und es ist in der heutigen Gesellschaft kaum möglich, die Staatsausgaben auf andere Weise zu decken. Gesetzt, man legte in England alle 90 Millionen den Einkommen von 120 Pfd. St. = 3000 frs. und darüber in progressiver direkter Steuer auf. Die durchschnittliche jährliche Akkumulation, die jährliche Vermehrung des gesamten nationalen Reichtums, betrug 1865—1875 nach Giffen[38] 240 Mill. Pfd. St. Sagen wir, sie sei jetzt gleich 300 Mill. jährlich; eine Steuerlast von 90 Mill. würde fast ein Drittel der gesamten Akkumulation verzehren. Mit anderen Worten, keine Regierung kann so etwas unternehmen außer einer sozialistischen; wenn die Sozialisten am Ruder sind, werden sie Dinge durchzuführen haben, bei denen jene Steuerreform nur als eine momentane, ganz unbedeutende Abschlagszahlung figuriert und wobei den Kleinbauern ganz andre Perspektiven eröffnet werden.

Man scheint auch einzusehn, daß die Bauern auf diese Steuerreform etwas lange warten müßten, und stellt ihnen daher »einstweilen« (en attendant) in Aussicht:

»Abschaffung der Grundsteuer für alle selbstarbeitenden Bauern und Verminderung dieser Steuer für alle mit Hypotheken belasteten Grundstücke.«

Die letzte Hälfte dieser Forderung kann sich nur auf *größere* Bauerngüter beziehen, als die die Familie selbst bewirtschaften kann, sie ist also wiederum eine Begünstigung derjenigen Bauern, welche »Taglöhner ausbeuten«.

Ferner:

»Freiheit der Jagd und des Fischfangs ohne andre Beschränkungen als bedingt sind durch die Schonung des Wild- und Fischstandes und der wachsenden Ernten.«

Dies klingt sehr populär, aber der Nachsatz hebt den Vordersatz auf. Wieviel Hasen, Rebhühner, Hechte und Karpfen kommen denn schon jetzt in der gesamten Dorfflur auf jede Bauernfamilie? Etwa mehr, als daß man jedem Bauern *einen* Jagdtag und Fischtag im Jahr freigeben könnte?

»Herabsetzung des gesetzlichen und konventionellen Zinsfußes« –

also erneuerte Wuchergesetze, erneuerter Versuch, eine Polizeimaßregel durchzuführen, die seit zweitausend Jahren stets und überall gescheitert ist. Kommt der Kleinbauer in die Lage, wo es für ihn das kleinere Übel ist, zum Wucherer zu gehn, so findet der Wucherer immer die Mittel, ihn auszusaugen, ohne dem Wuchergesetz zu verfallen. Diese Maßregel könnte höchstens zur Beschwichtigung des Kleinbauern dienen, Vorteil bringt sie ihm nicht; im Gegenteil, sie erschwert ihm den Kredit grade dann, wenn er ihn am nötigsten hat.

»Kostenfreie ärztliche Behandlung und Lieferung der Arzneien zum Kostenpreis« –

dies ist jedenfalls keine spezielle Bauernschutzmaßregel; das deutsche Programm geht weiter und verlangt auch kostenfreie Arznei.

»Entschädigung der Familien einberufener Reservisten während der Dienstzeit« –

besteht bereits, wenn auch in höchst unzureichender Gestalt, in Deutschland und Österreich und ist ebenfalls keine spezielle Bauernforderung.

»Herabsetzung der Transporttarife für Dünger und landwirtschaftliche Maschinen und Produkte« –

ist in Deutschland im wesentlichen durchgeführt, und zwar hauptsächlich im Interesse der – Großgrundbesitzer.

»Sofortige Vorbereitungsarbeiten zu einem Plan für öffentliche Arbeiten zur Verbesserung des Bodens und Hebung der landwirtschaftlichen Produktion« –

läßt alles im weiten Feld der Unbestimmtheit und der schönen Versprechungen und liegt ebenfalls im Interesse vor allem des Großgrundbesitzes.

Kurz, nach all dem gewaltigen theoretischen Anlauf der Motivierung geben uns die praktischen Vorschläge des neuen Agrarprogramms erst recht keinen Aufschluß, wie die französische Arbeiterpartei es fertigbringen will, die Kleinbauern im Besitz eines Parzelleneigentums zu erhalten, das nach ihrer eignen Aussage unrettbar dem Untergang geweiht ist.

II

In einem Punkt haben unsre französischen Genossen unbedingt recht: *gegen* den Kleinbauer ist in Frankreich keine dauernde Umwälzung möglich. Nur scheint mir, daß um dem Bauern beizukommen, sie den Hebel nicht am richtigen Punkt angesetzt haben.

Sie gehn, wie es scheint, darauf aus, den Kleinbauer von heute auf morgen, womöglich schon für die nächste allgemeine Wahl zu gewinnen. Das können sie nur zu erreichen hoffen durch sehr gewagte allgemeine Zusicherungen, zu deren Verteidigung sie genötigt sind, noch weit gewagtere theoretische Erwägungen vom Stapel zu lassen. Sieht man dann näher zu, so findet man, daß die allgemeinen Zusicherungen sich selbst widersprechen (Zusage, einen Zustand erhalten zu wollen, den man selbst für unrettbar dem Untergang geweiht erklärt) und daß die einzelnen Maßregeln entweder ganz wirkungslos sind (Wuchergesetze) oder aber allgemeine Arbeiterforderungen oder solche, die auch dem Großgrundbesitz zugute kommen, oder endlich solche, deren Tragweite im Interesse des Kleinbauern keineswegs sehr bedeutend ist; so daß der direkt praktische Teil des Programms von selbst den ersten verfehlten Anlauf berichtigt und die gefährlich aussehenden großen Worte der Motivierung auf ein tatsächlich unschuldiges Maß reduziert.

Sagen wir es grade heraus: Bei den aus seiner ganzen ökonomischen Lage, seiner Erziehung, seiner isolierten Lebensweise entspringenden und durch die bürgerliche Presse und die Großgrundbesitzer genährten Vorurteilen können wir die Masse der Kleinbauern von heute auf morgen nur gewinnen, wenn wir ihnen etwas versprechen, wovon wir selbst wissen, daß wir es nicht halten können. Wir müssen ihnen eben versprechen, ihren Besitz nicht nur gegen alle anstürmenden ökonomischen Mächte unter allen Umständen zu schützen, sondern auch ihn von den ihn schon jetzt bedrückenden Lasten zu befreien: den Pächter in einen freien Eigentümer zu verwandeln, dem der Hypothek erliegenden Eigentümer seine Schulden zu bezahlen. Könnten wir das, so wären wir wieder da, von wo aus der heutige Zustand sich mit Notwendigkeit von neuem entwickelt. Wir hätten den Bauern nicht befreit, wir hätten ihm eine Galgenfrist verschafft.

Es ist aber nicht unser Interesse, den Bauer von heute auf morgen zu gewinnen, damit er uns, wenn wir das Versprechen nicht halten können, von morgen auf übermorgen wieder abfällt. Wir können den Bauer, der uns zumutet, ihm sein Parzelleneigentum zu verewigen, nicht als Parteigenossen brauchen, ebensowenig wie den kleinen Handwerksmeister, der sich als Meister verewigen will. Diese Leute gehören zu den Antisemiten. Mögen sie zu diesen gehn, sich von diesen die Rettung ihres kleinen Betriebs versprechen lassen; haben sie dort erfahren, was es mit diesen glänzenden Phrasen auf sich hat und welche Melodien die Geigen spielen, von denen der antisemitische Himmel voll hängt, dann werden sie in stets wachsendem Maß einsehn, daß wir, die wir weniger versprechen und die Rettung in einer ganz andern Richtung suchen, daß wir doch die sicherern Leute sind. Hätten die Franzosen, wie wir, eine lärmende antisemitische Demagogie[39], sie hätten den Fehler von Nantes schwerlich gemacht.

Was ist denn unsre Stellung zur Kleinbauernschaft? Und wie werden wir mit ihr verfahren müssen am Tag, wo uns die Staatsmacht zufällt?

Erstens ist der Satz des französischen Programms unbedingt richtig: daß wir den unvermeidlichen Untergang des Kleinbauern voraussehn, aber keineswegs berufen sind, ihn durch Eingriffe unsrerseits zu beschleunigen.

Und zweitens ist es ebenso handgreiflich, daß, wenn wir im Besitz der Staatsmacht sind, wir nicht daran denken können, die Kleinbauern gewaltsam zu expropriieren (einerlei, ob mit oder ohne Entschädigung), wie wir dies mit den Großgrundbesitzern zu tun genötigt sind. Unsre Aufgabe gegenüber dem Kleinbauer besteht zunächst darin, seinen Privatbetrieb und Privatbesitz in einen genossenschaftlichen überzuleiten, nicht mit Gewalt, sondern durch Beispiel und Darbietung von gesellschaftlicher Hilfe zu diesem Zweck. Und da haben wir allerdings Mittel genug, um dem Kleinbauer Vorteile in Aussicht zu stellen, die ihm schon jetzt einleuchten müssen.

Schon vor fast zwanzig Jahren haben die dänischen Sozialisten, die in ihrem Land nur *eine* eigentliche Stadt – Kopenhagen – besitzen, also außerhalb dieser fast nur auf Bauernpropaganda angewiesen sind, derartige Pläne entworfen. Die Bauern eines Dorfs oder Kirchspiels – es gibt in Dänemark viel große Einzelhöfe – sollten ihr Land zu einem großen Gut zusammenwerfen, es für gemeinsame Rechnung bebauen und den Ertrag nach Verhältnis der eingeschlossenen Bodenstücke, Geldvorschüsse und Arbeitsleistungen teilen. In Dänemark spielt der Kleinbesitz nur eine Nebenrolle. Wenden wir aber die Idee auf ein Parzellengebiet an, so werden wir finden, daß beim Zusammenwerfen der Parzellen und Großkultur ihrer Gesamtfläche ein Teil der bisher beschäftigten Arbeitskräfte überflüssig wird; in dieser Arbeitersparnis liegt ja gerade einer der Hauptvorteile der Großkultur. Für diese Arbeitskräfte kann Beschäftigung gefunden werden auf zwei Wegen. Entweder man stellt der Bauerngenossenschaft weitere Landstrecken zur Verfügung aus benachbarten großen Gütern; oder aber man verschafft ihnen die Mittel und Gelegenheit zu industrieller Nebenarbeit, möglichst und vorwiegend für eigenen Gebrauch. In beiden Fällen stellt man sie in eine ökonomisch bessere Lage und sichert gleichzeitig der allgemein-gesellschaftlichen Leitung den nötigen Einfluß, um die Bauerngenossenschaft allmählich in eine höhere Form überzuführen und die Rechte und Pflichten sowohl der Genossenschaft im ganzen wie ihrer einzelnen Mitglieder mit denen der übrigen Zweige der großen Gemeinschaft auszugleichen. Wie das im einzelnen in jedem Spezialfall auszuführen, wird von den Umständen des Falls und von den Umständen abhängen, unter denen wir Besitz von der öffentlichen Gewalt ergreifen. So werden wir möglicherweise imstande sein, diesen Genossenschaften noch weitere Vorteile zu bieten: Übernahme ihrer Gesamthypothekenschuld durch die Nationalbank unter starker Zinsherabsetzung, Vorschüsse aus öffentlichen Mitteln zur Einrichtung des Großbetriebs (Vorschüsse nicht notwendig oder vorzugsweise in Geld, sondern in den nötigen Produkten selbst: Maschinen, Kunstdünger etc.) und noch andere Vorteile.

Die Hauptsache bei alledem ist und bleibt die, den Bauern begreiflich zu machen, daß wir ihnen ihren Haus- und Feldbesitz nur retten, nur erhalten können durch Verwandlung in genossenschaftlichen Besitz und Betrieb. Es ist ja grade die durch den Einzelbesitz bedingte Einzelwirtschaft, die die Bauern dem Untergang zutreibt. Beharren sie auf dem Einzelbetrieb, so werden sie unvermeidlich von Haus und Hof verjagt, ihre veraltete Produktionsweise durch den kapitalistischen Großbetrieb verdrängt. So liegt die Sache; und da kommen wir und bieten den Bauern die Möglichkeit, den Großbetrieb selbst einzuführen, nicht für kapitalistische, sondern für ihre eigne gemeinsame Rechnung. Daß dies in ihrem eignen Interesse, daß es ihr einziges Rettungsmittel ist, das sollte den Bauern nicht begreiflich zu machen sein?

Wir können nun und nimmermehr den Parzellenbauern die Erhaltung des Einzeleigentums und des Einzelbetriebs gegen die Übermacht der kapitalistischen Produktion versprechen. Wir können ihnen nur versprechen, daß wir nicht wider ihren Willen gewaltsam in ihre Eigentumsverhältnisse eingreifen werden. Wir können ferner dafür eintreten, daß der Kampf der Kapitalisten und Großgrundbesitzer gegen die Kleinbauern schon heute mit möglichst wenig unrechtlichen Mitteln geführt und direkter Raub oder Prellerei, wie sie nur zu häufig vorkommen, möglichst verhindert wird. Das wird nur ausnahmsweise gelingen. In der entwickelten kapitalistischen

Produktionsweise weiß kein Mensch, wo die Ehrlichkeit aufhört und die Prellerei anfängt. Aber es wird immer einen bedeutenden Unterschied machen, ob die öffentliche Gewalt auf Seite des Prellers oder des Geprellten steht. Und wir stehn ja entschieden auf Seite des Kleinbauern; wir werden alles nur irgend Zulässige tun, um sein Los erträglicher zu machen, um ihm den Übergang zur Genossenschaft zu erleichtern, falls er sich dazu entschließt, ja sogar um ihm, falls er diesen Entschluß noch nicht fassen kann, eine verlängerte Bedenkzeit auf seiner Parzelle zu ermöglichen. Wir tun dies nicht nur, weil wir den selbstarbeitenden Kleinbauer als virtuell zu uns gehörend betrachten, sondern auch aus direktem Parteiinteresse. Je größer die Anzahl der Bauern ist, denen wir den wirklichen Absturz ins Proletariat ersparen, die wir schon als Bauern für uns gewinnen können, desto rascher und leichter vollzieht sich die gesellschaftliche Umgestaltung. Es kann uns nicht dienen, wenn wir mit dieser Umgestaltung warten müßten, bis die kapitalistische Produktion sich überall bis auf ihre letzten Konsequenzen entwickelt hat, bis auch der letzte Kleinhandwerker und der letzte Kleinbauer dem kapitalistischen Großbetrieb zum Opfer gefallen sind. Die materiellen Opfer, die in diesem Sinn im Interesse der Bauern aus öffentlichen Mitteln zu bringen sind, können vom Standpunkt der kapitalistischen Ökonomie aus nur als weggeworfenes Geld erscheinen, aber sie sind trotzdem eine vortreffliche Anlage, denn sie ersparen vielleicht den zehnfachen Betrag bei den Kosten der gesellschaftlichen Reorganisation überhaupt. In diesem Sinn können wir also sehr liberal mit den Bauern verfahren. Auf einzelnes einzugehn, bestimmte Vorschläge in dieser Richtung zu machen, ist hier nicht der Ort; es kann sich hier nur um die allgemeinen Grundzüge handeln.

Hiernach also können wir nicht nur der Partei, sondern auch den Kleinbauern selbst keinen schlimmeren Dienst erweisen als durch Zusagen, die auch nur den Schein erwecken, wir beabsichtigten die dauernde Erhaltung des Parzelleneigentums. Das hieße den Bauern direkt den Weg zu ihrer Befreiung versperren und die Partei herabwürdigen auf das Niveau des Radau-Antisemitismus. Im Gegenteil. Es ist die Pflicht unsrer Partei, den Bauern immer und immer wieder die absolute Rettungslosigkeit ihrer Lage, solange der Kapitalismus herrscht, klarzumachen, die absolute Unmöglichkeit, ihnen ihr Parzelleneigentum als solches zu erhalten, die absolute Gewißheit, daß die kapitalistische Großproduktion über ihren machtlosen veralteten Kleinbetrieb hinweggehn wird wie ein Eisenbahnzug über eine Schubkarre. Tun wir das, so handeln wir im Sinne der unvermeidlichen ökonomischen Entwicklung, und diese wird den Kleinbauern schon offne Köpfe machen für unsere Worte.

Im übrigen kann ich diesen Gegenstand nicht verlassen, ohne die Überzeugung auszusprechen, daß auch die Verfasser des Programms von Nantes im wesentlichen mit mir derselben Ansicht sind. Sie sind viel zu einsichtig, um nicht zu wissen, daß auch das jetzt im Parzelleneigentum befindliche Landgebiet bestimmt ist, in Gemeinbesitz überzugehn. Sie selbst geben zu, daß das Parzelleneigentum berufen ist zu verschwinden. Das von Lafargue verfaßte Referat des Nationalrats auf dem Kongreß von Nantes bestätigt denn auch diese Ansicht vollauf. Es ist deutsch veröffentlicht im Berliner »Sozialdemokrat« vom 18. Oktober d. J.[40] Das Widerspruchsvolle in der Ausdrucksweise des Programms von Nantes verrät schon, daß das, was die Verfasser wirklich sagen, nicht das ist, was sie zu sagen beabsichtigen. Werden sie nicht verstanden und ihre Aussage gemißbraucht, wie das in der Tat schon geschehen ist, so ist das allerdings ihre eigne Schuld. Jedenfalls werden sie ihr Programm näher erklären und wird der nächste französische Kongreß es gründlich revidieren müssen.

Kommen wir nun zu den größren Bauern. Hier findet sich infolge hauptsächlich von Erbteilungen, aber auch von Verschuldung und Zwangsverkäufen von Land, eine ganze Musterkarte von Zwischenstufen vom Parzellenbauer bis zum Großbauer, der seine volle alte Hufe und selbst darüber besitzt. Wo der Mittelbauer unter Parzellenbauern wohnt, wird er in seinen Interessen und Anschauungen sich von diesen nicht wesentlich unterscheiden; muß ihm doch die eigne Erfahrung sagen, wie viele seinesgleichen schon zu Kleinbauern herabgesunken sind. Wo aber Mittel- und Großbauern vorherrschen und der Wirtschaftsbetrieb allgemein die Hilfe von Knechten und Mägden erfordert, da steht die Sache ganz anders. Eine Arbeiterpartei hat natürlich in erster Linie für die Lohnarbeiter einzutreten, also für die Knechte, Mägde und Taglöhner; es verbietet sich ihr damit von selbst, den Bauern irgendwelche Versprechungen zu machen, die die Fortdauer der Lohnknechtschaft der Arbeiter einschließen. Solange aber die Groß- und Mittelbauern als solche fortbestehn, solange können sie ohne Lohnarbeiter nicht auskommen. Ist es also von unsrer Seite eine einfache Torheit, den Parzellenbauern ihre dauernde Fortexistenz als Parzellenbauern in Aussicht zu stellen, so grenzte es schon direkt an Verrat, wollten wir den Groß- und Mittelbauern dasselbe versprechen.

Wir haben hier wieder die Parallele mit den Handwerkern der Städte. Sie sind zwar schon mehr dem Ruin verfallen als die Bauern, aber es gibt doch auch noch welche, die neben Lehrlingen Gesellen beschäftigen oder bei denen Lehrlinge Gesellenarbeit tun. Diejenigen dieser Handwerksmeister, die als solche sich verewigen wollen, mögen zu den Antisemiten gehn, bis sie sich überzeugt haben, daß ihnen auch dort nicht geholfen wird. Die übrigen, die die Unvermeidlichkeit des Untergangs ihrer Produktionsweise eingesehn, kommen zu uns, sind aber auch bereit, in der Zukunft das Schicksal zu teilen, das allen andern Arbeitern bevorsteht. Nicht anders mit den Groß- und Mittelbauern. Ihre Knechte, Mägde und Taglöhner interessieren uns selbstredend mehr als sie. Wollen diese Bauern die Garantie der Fortdauer ihres Betriebs, so können wir ihnen das absolut nicht bieten. Ihr Platz ist dann bei den Antisemiten, Bauernbündlern und dergleichen Parteien, die sich ein Vergnügen daraus machen, alles zu versprechen und nichts zu halten. Wir haben die ökonomische Gewißheit, daß auch der Groß- und Mittelbauer vor der

Konkurrenz des kapitalistischen Betriebs und der wohlfeilen überseeischen Kornproduktion unfehlbar erliegen muß, wie die wachsende Verschuldung und der überall sichtbare Verfall auch dieser Bauern beweist. Wir können gegen diesen Verfall nichts tun, als auch hier die Zusammenlegung der Güter zu genossenschaftlichen Betrieben empfehlen, bei denen die Ausbeutung der Lohnarbeit mehr und mehr beseitigt und die allmähliche Verwandlung in gleichberechtigte und gleichverpflichtete Zweige der großen nationalen Produktionsgenossenschaft eingeleitet werden kann. Sehen diese Bauern die Unvermeidlichkeit des Untergangs ihrer jetzigen Produktionsweise ein, ziehen sie die notwendigen Konsequenzen daraus, so kommen sie zu uns, und es wird unsres Amtes sein, auch ihnen den Übergang in die veränderte Produktionsweise nach Kräften zu erleichtern. Andernfalls müssen wir sie ihrem Schicksal überlassen und uns an ihre Lohnarbeiter wenden, bei denen wir schon Anklang finden werden. Von einer gewaltsamen Expropriation werden wir auch hier wahrscheinlich absehen und im übrigen darauf rechnen können, daß die ökonomische Entwicklung auch diese härteren Schädel der Vernunft zugänglich machen wird.

Ganz einfach liegt die Sache nur beim Großgrundbesitz. Hier haben wir unverhüllten kapitalistischen Betrieb, und da gelten keine Skrupel irgendwelcher Art. Wir haben hier Landproletarier in Massen vor uns, und unsre Aufgabe ist klar. Sobald unsre Partei im Besitz der Staatsmacht ist, hat sie die Großgrundbesitzer einfach zu expropriieren, ganz wie die industriellen Fabrikanten. Ob diese Expropriation mit oder ohne Entschädigung erfolgt, wird großenteils nicht von uns abhängen, sondern von den Umständen, unter denen wir in den Besitz der Macht kommen, und namentlich auch von der Haltung der Herren Großgrundbesitzer selbst. Eine Entschädigung sehen wir keineswegs unter allen Umständen als unzulässig an; Marx hat mir – wie oft! – als seine Ansicht ausgesprochen, wir kämen am wohlfeilsten weg, wenn wir die ganze Bande auskaufen könnten. Doch das geht uns hier nichts an. Die so der Gesamtheit zurückgegebenen großen Güter hätten wir den sie schon jetzt bebauenden, in Genossenschaften zu organisierenden Landarbeitern zur Benutzung unter Kontrolle der Gesamtheit zu überlassen. Unter welchen Modalitäten, darüber läßt sich jetzt noch nichts feststellen. Jedenfalls ist die Verwandlung des kapitalistischen Betriebs in gesellschaftlichen hier schon vollständig vorbereitet und kann über Nacht vollzogen werden, ganz wie z. B. bei Herrn Krupps oder Herrn von Stumms Fabrik. Und das Beispiel dieser Ackerbaugenossenschaften würde auch die letzten etwa noch widerstrebenden Parzellenbauern und wohl auch manche Großbauern von den Vorteilen des genossenschaftlichen Großbetriebs überzeugen.

Hier also können wir den Landproletariern eine Aussicht eröffnen, ebenso glänzend wie die, welche dem Industriearbeiter winkt. Und hiermit die Landarbeiter des ostelbischen Preußens zu erobern kann für uns nur eine Frage der Zeit, und zwar der kürzesten, sein. Haben wir aber die ostelbischen Landarbeiter, so weht sofort in ganz Deutschland ein anderer Wind. Die tatsächlich halbe Leibeigenschaft der ostelbischen Landarbeiter ist die Hauptgrundlage der preußischen Junkerherrschaft und damit der spezifisch preußischen Oberherrschaft in Deutschland. Es sind die ostelbischen, mehr und mehr der Verschuldung, Verarmung, dem Schmarotzertum auf Staats- und Privatkosten verfallenden und ebendeshalb um so gewaltsamer sich an ihre Herrschaft ankrallenden Junker, die den spezifisch preußischen Charakter der Bürokratie wie des Offizierskorps der Armee geschaffen haben und erhalten; deren Hochmut, Beschränktheit und Arroganz das Deutsche Reich preußischer Nation im Inland – bei aller Einsicht in seine augenblickliche Unvermeidlichkeit als derzeit einzig erlangbare Form der nationalen Einheit – so verhaßt und im Ausland, trotz aller glänzenden Siege, so wenig respektiert gemacht haben. Die Macht dieser Junker beruht darauf, daß sie in dem geschlossenen Gebiet der sieben altpreußischen Provinzen[41] – also etwa einem Drittel des ganzen Reichsgebiets – über den

Grundbesitz verfügen, der hier die gesellschaftliche und politische Macht mit sich führt, und nicht nur über den Grundbesitz, sondern vermittelst der Rübenzuckerfabriken und Schnapsbrennereien auch über die bedeutendsten Industrien dieses Gebiets. Weder die Großgrundbesitzer des übrigen Deutschlands noch die Großindustriellen sind in einer ähnlich günstigen Lage; über ein geschlossenes Königreich verfügen weder diese noch jene. Beide sind über weite Strecken zerstreut und miteinander wie mit andern sie umgebenden gesellschaftlichen Elementen in Konkurrenz um die ökonomische und politische Vormacht. Aber diese Machtstellung der preußischen Junker verliert mehr und mehr ihre ökonomische Unterlage. Die Verschuldung und Auspowerung greift auch hier trotz aller Staatshilfe (und seit Friedrich II. gehört diese in jedes regelrechte Junkerbudget) unaufhaltsam um sich; nur die durch Gesetzgebung und Gewohnheit sanktionierte tatsächliche halbe Leibeigenschaft und hierdurch ermöglichte grenzenlose Ausbeutung der Landarbeiter hält die versinkende Junkerschaft noch eben über Wasser. Werft den Samen der Sozialdemokratie unter diese Arbeiter, gebt ihnen den Mut und den Zusammenhalt, auf ihren Rechten zu bestehen, und es ist aus mit der Junkerherrlichkeit. Die große reaktionäre Macht, die für Deutschland dasselbe barbarische, erobernde Element repräsentiert wie der russische Zarismus für ganz Europa, sinkt in sich zusammen wie eine angestochne Blase. Die »Kernregimenter« der preußischen Armee werden sozialdemokratisch, und damit vollzieht sich eine Machtverschiebung, die eine ganze Umwälzung in ihrem Schoße trägt. Darum aber ist die Gewinnung der ostelbischen Landproletarier von weitaus größerer Wichtigkeit als die der westdeutschen Kleinbauern oder gar der süddeutschen Mittelbauern. Hier, im ostelbischen Preußen, liegt unser entscheidendes Schlachtfeld, und deshalb wird Regierung und Junkerschaft alles aufbieten, uns hier den Zugang zu verschließen. Und wenn es – wie man uns droht – zu neuen Gewaltmaßregeln kommen sollte zur Verhinderung der

Ausbreitung unserer Partei, so wird dies geschehen vor allem, um das ostelbische Landproletariat vor unserer Propaganda zu schützen. Uns kann's gleich sein. Wir erobern es doch.

Zur Aufhebung des Gegensatzes von Stadt und Land[42]

Auszug aus: Friedrich Engels: Zur Wohnungsfrage. Dritter Abschnitt.
Geschrieben im Januar 1873.
Erstmalig veröffentlicht unter dem Titel »Nachtrag über Proudhon und die Wohnungsfrage« in: Der Volksstaat (Leipzig), Nr. 15 und 16 vom 19. und 22. Februar 1873.
Nach: MEW, Bd. 18, S. 279/280 und 286.
Dem Text liegt die zweite, von Engels durchgesehene Auflage zugrunde, die 1887 in Hottingen-Zürich erschien.

Ferner erklärt Mülberger:

»Was speziell den Gegensatz zwischen Stadt und Land betrifft, so gehört es unter die Utopien, ihn aufheben zu wollen. Dieser Gegensatz ist ein natürlicher, richtiger gesagt, ein historisch gewordener ... Es gilt nicht, diesen Gegensatz *aufzuheben*, sondern politische und soziale Formen zu finden, in denen er *unschädlich*, ja sogar *fruchtbringend* ist. Auf diese Weise ist ein friedlicher Ausgleich, ein allmähliches Gleichgewicht der Interessen zu erwarten.«[43]

Also die Aufhebung des Gegensatzes von Stadt und Land ist eine Utopie, *weil* dieser Gegensatz ein natürlicher, richtiger gesagt, ein historisch gewordener ist. Wenden wir diese Logik auf andere Gegensätze der modernen Gesellschaft an, und sehen wir, wohin wir dann kommen. Zum Beispiel:

»Was speziell den Gegensatz zwischen« Kapitalisten und Lohnarbeitern »betrifft, so gehört es unter die Utopien, ihn aufheben zu wollen. Dieser Gegensatz ist ein natürlicher, richtiger gesagt, ein historisch gewordener. Es gilt nicht, diesen Gegensatz *aufzuheben*, sondern politische und soziale Formen zu finden, in denen er *unschädlich*, ja sogar *fruchtbringend* ist. Auf diese Weise ist ein friedlicher Ausgleich, ein allmähliches Gleichgewicht der Interessen zu erwarten.«

Womit wir wieder bei Schulze-Delitzsch angekommen sind.

Die Aufhebung des Gegensatzes zwischen Stadt und Land ist nicht mehr und nicht minder eine Utopie als die Aufhebung des Gegensatzes zwischen Kapitalisten und Lohnarbeitern. Sie wird von Tag zu Tag mehr eine praktische Forderung der industriellen wie ackerbauenden Produktion. Niemand hat sie lauter gefordert als Liebig in seinen Schriften über die Chemie des Ackerbaus, worin stets seine erste Forderung ist, daß der Mensch an den Acker das zurückgebe, was er von ihm erhält, und worin er beweist, daß nur die Existenz der Städte, namentlich der großen Städte, dies verhindert. Wenn man sieht, wie hier in London allein eine größere Menge Dünger, als das ganze Königreich Sachsen produziert, Tag für Tag unter Aufwendung ungeheurer Kosten – in die See geschüttet wird und welche kolossalen Anlagen nötig werden, um zu verhindern, daß dieser Dünger nicht ganz London vergiftet, so erhält die Utopie von der Abschaffung des Gegensatzes zwischen Stadt und Land eine merkwürdig praktische Grundlage. Und selbst das verhältnismäßig unbedeutende Berlin erstinkt seit mindestens dreißig Jahren in seinem eigenen Dreck. Andererseits ist es eine reine Utopie, wenn man, wie Proudhon, die jetzige bürgerlicher Gesellschaft umwälzen und den Bauer als solchen erhalten will. Nur eine möglichst gleichmäßige Verteilung der Bevölkerung über das ganze Land, nur eine innige Verbindung der industriellen mit der ackerbauenden Produktion, nebst der dadurch nötig werdenden Ausdehnung der Kommunikationsmittel – die Abschaffung der kapitalistischen Produktionsweise dabei vorausgesetzt – ist imstande, die Landbevölkerung aus der Isolierung und Verdummung herauszureißen, in der sie seit Jahrtausenden fast unverändert vegetiert. Nicht das ist eine Utopie, zu behaupten, daß die Befreiung der Menschen aus den durch ihre geschichtliche Vergangenheit geschmiedeten Ketten erst dann vollständig sein wird, wenn der Gegensatz zwischen Stadt und Land abgeschafft ist; die Utopie entsteht erst dann, wenn man sich unterfängt, »aus den bestehenden Verhältnissen heraus« die *Form* vorzuschreiben, worin dieser oder irgendein anderer Gegensatz der bestehenden Gesellschaft gelöst werden soll. Und das tut Mülberger, indem er sich die Proudhonsche Formel für die Lösung der Wohnungsfrage aneignet. [...]

Niemand ist näher »an die bestimmten konkreten Verhältnisse der Gesellschaft herangetreten« als Marx im *»Kapital«*. Er hat fünfundzwanzig Jahre darauf verwandt, sie nach allen Seiten hin zu untersuchen, und die Resultate seiner Kritik enthalten überall ebenfalls die Keime der sogenannten Lösungen, soweit solche überhaupt heutzutage möglich sind. Das aber genügt Freund Mülberger nicht. Das ist alles abstrakter Sozialismus, tote abstrakte Formeln. Statt die »bestimmten konkreten Verhältnisse der Gesellschaft« zu studieren, begnügt sich Freund Mülberger mit der Lektüre einiger Bände Proudhon, die ihm zwar so gut wie nichts über die bestimmten

Sozialdemokratische Bibliothek.

XIII.

Zur Wohnungsfrage.

Von

Friedrich Engels.

Separatabdruck aus dem „Volksstaat“ von 1872.

Zweite, durchgesehene Auflage.

Hottingen-Zürich.
Verlag der Volksbuchhandlung.
1887.

Titelblatt der Separatausgabe

konkreten Verhältnisse der Gesellschaft bieten, dagegen aber sehr bestimmte konkrete Wunderkuren für alle gesellschaftlichen Übel, und bringt diesen fertigen sozialen Rettungsplan, dies Proudhonsche *System*, vor die deutschen Arbeiter unter dem Vorwand, *er* wolle »den *Systemen* Adieu sagen«, während ich »den umgekehrten Weg wähle!« Um dies zu begreifen, muß ich annehmen, daß ich blind bin und Mülberger taub, so daß eine jede Verständigung zwischen uns rein unmöglich ist.

Register

Anmerkungen

1 Die Flugschrift »Der deutsche Bauer. Was war er? Was ist er? Was könnte er sein?« erschien erstmalig unter dem Titel »Die Mark« als Anhang zur deutschen Ausgabe von Engels' »Die Entwicklung des Sozialismus von der Utopie zur Wissenschaft«, Hottingen-Zürich 1882 (MEW, Bd. 19, S. 315–330). 1883 wurde »Die Mark« im Züricher »Sozialdemokrat« selbständig abgedruckt und erschien außerdem anonym als Flugschrift für die deutschen Bauern. Sie war für diesen Zweck besonders bearbeitet worden, hatte einen Umfang von 13 Seiten und wurde in Deutschland illegal vertrieben.

In der Schrift wertet Engels vor allem Materialien aus, die er bei seinen Forschungen über die Urgeschichte der Deutschen gesammelt hatte. Er analysiert die Entstehungs- und Entwicklungsgeschichte des Grundeigentums in Deutschland, betont die Notwendigkeit des Bündnisses zwischen Arbeiterklasse und Bauernschaft als Voraussetzung für den Sieg der sozialistischen Revolution und begründet die Unvermeidlichkeit und Notwendigkeit des Übergangs zum gesellschaftlichen Eigentum und zur gesellschaftlichen Produktion in der Landwirtschaft.

Der Abdruck erfolgt nach der Flugschrift. Textänderungen gegenüber der »Mark« sind nicht ausgewiesen. 7 8

2 Engels bezieht sich hier auf die Schriften von Maxim Kowalewski »Первобытное право. Вьшускь 1. Родь«, Москва 1886, und »Tableau des origines et de l'évolution de la famille et de la propriété«, Stockholm 1890. 7

3 Engels bezieht in seine Betrachtung nur die freien Marken ein. Herrschaftsmarken und gemischte Marken, die ebenfalls weit verbreitet waren, behandelt er nicht. 8

4 Siehe Gaius Iulius Caesar, »De bello Gallico«, liber VI, cap. 22. 8

5 *»Kaiserrecht«* – die kaiserlichen, von der Zentralgewalt herausgegebenen Gesetze des mittelalterlichen Deutschen Reichs. Eine der vollständigsten Sammlungen dieser Gesetze ist »Das Keyserrecht nach der Handschrift von 1372«, hrsg. von H. E. Endemann, Cassel 1846. Engels' Angaben stammen aus dem Abschnitt »Von rechte das die waelde hant«. 9

6 Siehe Publius Cornelius Tacitus, »Germania«. 10

7 *Volksrechte* – Aufzeichnungen des Gewohnheitsrechts der Ger-

manenstämme (lat.: leges barbarorum), die im 5. bis 7. Jahrhundert auf dem Territorium des ehemaligen weströmischen Reiches und der ihm benachbarten Gebiete einzelne Königreiche oder Herzogtümer gegründet hatten. Diese Rechte wurden zwischen dem 5. und 9. Jahrhundert zusammengestellt; sie sind in die Sammlung mittelalterlicher Geschichtsquellen, die »Monumenta Germaniae historica«, aufgenommen worden. 13

8 Siehe das ripuarische Volksrecht, das schriftlich fixierte Gewohnheitsrecht eines der altgermanischen Stämme, der ripuarischen Franken, die im 4. bis 5. Jahrhundert zwischen Rhein und Maas wohnten. Das ripuarische Volksrecht ist die Hauptquelle für das Studium der Gesellschaftsordnung der ripuarischen Franken. Mit dem Privatbesitz des bebauten Landes befassen sich § 82 (Absatz A) und § 84 (Absatz B) der »Lex Ribuaria et lex Francorum Chamavorum«, Hannover 1883. 14

9 *Beerengesetzgebung* – »Gesetz, betreffend den Forstdiebstahl« vom 15. April 1878, das insbesondere das Sammeln von Kräutern, Beeren und Pilzen ohne besondere polizeiliche Genehmigung verbot. 16

10 *Schöffengerichte* wurden in einigen deutschen Staaten nach der Revolution von 1848 und in ganz Deutschland 1871 eingeführt. Sie bestanden aus dem beamteten Richter und zwei Beisitzern (Schöffen), die an der Urteilsfindung beteiligt waren, wobei sie zum Unterschied von den Schwurgerichtsbeisitzern nicht nur die Schuld feststellten, sondern auch das Strafmaß bestimmten; ihre Urteilsfindung war anfechtbar. 17

11 Das *westfränkische Reich* wurde nach dem Zerfall des Reichs Karls des Großen gebildet. Es stellte eine vorübergehende und unbeständige militärisch-administrative Einheit dar. 843 erfolgte die endgültige Teilung des Reichs zwischen den drei Enkeln Karls. Die westlichen Länder fielen Karl dem Kahlen zu. Sie umfaßten den größeren Teil des Territoriums des heutigen Frankreichs und bildeten das westfränkische Reich. Die Länder östlich des Rheins (der Kern des künftigen Deutschlands) wurden Ludwig dem Deutschen übergeben. Den mittleren Landgürtel von der Nordsee bis Mittelitalien erhielt Lothar, der älteste Enkel Karls des Großen. 19

12 Der *Dreißigjährige Krieg* (1618–1648) war ein gesamteuropäischer Krieg, der mit einem Aufstand in Böhmen gegen das Joch der Habsburger Monarchie und dem Vormarsch der katholischen Reaktion begann. Er verwandelte sich in einen Krieg zwischen dem

feudal-katholischen Lager (dem Papst, den spanischen und österreichischen Habsburgern, den katholischen Fürsten in Deutschland) und den protestantischen Ländern (Böhmen, Dänemark, Schweden, dem bürgerlichen Holland und einer Reihe deutscher Staaten, die die Reformation übernommen hatten), die von den französischen Königen, den Rivalen der Habsburger, Unterstützung erhielten. Deutschland wurde zum Hauptschauplatz dieses Kampfes, zum Objekt der Ausplünderung und räuberischer Ansprüche der am Kriege Beteiligten. Der Krieg, der in seinem ersten Stadium den Charakter des Widerstandes gegen die reaktionären Kräfte des feudalabsolutistischen Europas trug, führte, besonders seit 1635, zu einer Reihe von Invasionen der miteinander rivalisierenden ausländischen Eroberer in das deutsche Gebiet. Der Krieg endete 1648 mit dem Abschluß des Westfälischen Friedens, der die politische Zersplitterung Deutschlands verankerte. 23 36

13 *Code civil* – französisches Zivilgesetzbuch von 1804, das 1807 als Code Napoléon neu gefaßt wurde. Dieses bürgerliche Gesetzbuch wurde von Frankreich in den eroberten Gebieten West- und Südwestdeutschlands eingeführt. In der Rheinprovinz blieb es auch nach der Vereinigung mit Preußen gültig. Der Code Napoléon behielt im wesentlichen die Errungenschaften der Französischen Revolution bei und stand auf dem Boden der formalen bürgerlichen Gleichheit. 24 52

14 Die *Niederlage von Jena,* die Preußen am 14. Oktober 1806 erlitt und die die Kapitulation Preußens vor dem napoleonischen Frankreich nach sich zog, zeigte die ganze Morschheit der sozialen und politischen Ordnung der feudalen Hohenzollern-Monarchie. 24 36

15 *zweite französische Revolution* (27. bis 29. Juli 1830) – in einem bewaffneten Aufstand erzwangen die Pariser Arbeiter, Kleinbürger und Studenten den Sturz der Bourbonenherrschaft unter Karl X. Die Finanzbourgeoisie nutzte jedoch deren Unorganisiertheit aus, um die Macht zu ergreifen, und setzte Louis Philippe, Herzog von Orléans, als sogenannten Bürgerkönig ein. Die Julirevolution fand starken Widerhall in der fortschrittlichen Öffentlichkeit aller Länder und gab den Anstoß zu revolutionären und nationalen Erhebungen in Belgien, Deutschland, Polen und Italien. 25

16 *dritte französische Revolution, Februarrevolution* (22. bis 25. Februar 1848) – in einem bewaffneten Aufstand stürzten die Pariser Arbeiter, Handwerker und Studenten die bürgerlich-konstitutionelle Monarchie Louis-Philippes und erzwangen die Pro-

klamierung der französischen Republik. Sie gab den Anstoß zu bewaffneten Aufständen am 13. März 1848 in Wien und am 18. März 1848 in Berlin (siehe Anm. 23). 25 47

17 Die von Engels verfaßte Abhandlung bildet den zweiten Teil der Einleitung zu der von ihm 1886 veranlaßten Einzelausgabe von Wilhelm Wolffs Artikelserie »Die schlesische Milliarde«. Diese war erstmals vom 22. März bis 25. April 1849 in der »Neuen Rheinischen Zeitung. Organ der Demokratie« erschienen und prangerte die Lage der Bauern in Schlesien an. Engels zeigt treffend den diffizilen Prozeß der Umwandlung des feudalen Grundbesitzers in den kapitalistisch wirtschaftenden Junker, den Lenin 1907 in Weiterentwicklung der Engelsschen Gedanken als den preußischen Weg der Entwicklung des Kapitalismus in der Landwirtschaft charakterisierte. 29

18 *preußisches Ordensgebiet* – das vom 13. bis zum 15. Jahrhundert vom Deutschen Orden beherrschte Gebiet. Der Deutsche Orden war ein geistlicher Ritterorden in Preußen, der 1190 während der Kreuzzüge gegründet wurde. Er riß in Deutschland wie auch in anderen Ländern zahlreiche Landstriche an sich. Im 13. Jahrhundert geriet das durch Unterwerfung und Ausrottung der baltischen Stämme der Pruzzen sowie eines Teiles der Litauer eroberte ausgedehnte Gebiet zwischen den Mündungen der Weichsel und des Njemen unter die Herrschaft des Ordens; dieses Gebiet wurde für ihn zum Bollwerk der Aggression gegen Polen, Litauen und russische Fürstentümer. Nach den Niederlagen am Peipussee 1242 (»Schlacht auf dem Eise«) und in der Schlacht bei Grunwald (Tannenberg) 1410 geriet der Orden in Verfall und behielt nur einen kleinen Teil seiner Besitzungen. 32

19 *Zinsbauern* – abhängige Bauern, die persönlich frei waren, jedoch für ihre erbliche Bodenparzelle eine bestimmte Zahlung (Zins) in Geld oder Naturalien leisten mußten. 35

20 Gemeint sind abhängige Bauern, die kein Ackerland besaßen.

Dreschgärtner wurden in einigen Gegenden Deutschlands, besonders in Schlesien, abhängige Bauern genannt, die vom Grundherrn eine Bodenparzelle mit einem kleinen Haus erhielten und für den Grundherrn gegen geringen Lohn in Geld- oder Naturalform überwiegend Druscharbeiten leisten mußten.

Häusler waren abhängige Bauern, die vom Grundherrn ein kleines Haus mit einem anliegenden Stück Land erhielten, das nicht ausreichte, um mit einer eigenen Wirtschaft eine Familie zu ernähren; solche Bauern waren gezwungen, beim Gutsbesitzer als Tagelöhner zu arbeiten.

Als *Instleute* bezeichnete man solche Tagelöhner, die entsprechend einem für eine bestimmte Anzahl von Jahren abgeschlossenen Arbeitsvertrag dem Gutsherrn dienen mußten; für diese Zeit erhielten sie eine Wohnung, eine Bodenparzelle zur eigenen Nutzung und einen äußerst geringen Lohn in Form von Naturalien und Geld. 37 49

21 *Kapitularien Karls des Großen* – königliche Verordnungen und Gesetze, die die Grundlagen des fränkischen Rechts bildeten. 38

22 Um dem preußischen Staat die Geldeinkünfte und die Aushebung der Rekruten zu sichern, erließ Friedrich II. eine Reihe von Gesetzen, die sich gegen die Vertreibung der Bauern von ihren Parzellen durch die Gutsbesitzer richteten; diese Gesetze wurden jedoch nur in unbedeutendem Maße verwirklicht. 38

23 Der *18. März 1848*, an dem es in Berlin zum bewaffneten Aufstand kam, bildete den Höhepunkt der bürgerlich-demokratischen Revolution von 1848/49.

In der Schlacht bei *Mollwitz* (10. April 1741) wurden die Österreicher während des 1. Schlesischen Krieges (1740–1742) von den Truppen Friedrichs II. geschlagen.

Im Gebiet von *Sedan* fand am 1. September 1870 eine der größten Schlachten des Deutsch-Französischen Krieges 1870/71 statt; am 2. September mußte die französische Armee kapitulieren, wodurch der Zusammenbruch des Zweiten Kaiserreichs beschleunigt wurde. 38

24 Gemeint sind die Erlasse vom 14. Februar 1808, vom 27. März 1809, vom 8. April 1809 und vom 9. Januar 1810.

In dem Erlaß vom 8. April 1809 wird erklärt, daß die Abschaffung der erblichen persönlichen Abhängigkeit nicht die Aufhebung der feudalen Verpflichtungen der Bauern bedeutet. 39

25 Am 18. Juni 1815 siegten die verbündeten englisch-holländischen und preußischen Truppen über die napoleonische Armee bei *Waterloo.* 39

26 Der *Siebenjährige Krieg* (1756–1763) war ein europäischer Krieg, hervorgerufen durch die Eroberungsbestrebungen der feudalabsolutistischen Mächte sowie durch die kolonialen Machtkämpfe zwischen Frankreich und England. England kämpfte im Bündnis mit Preußen gegen die Koalition Österreich, Frankreich, Rußland, Sachsen und Schweden. Frankreich wurde im Ergebnis dieses

Krieges gezwungen, seine größten Kolonien (Kanada, die Besitzungen in Ostindien u. a.) an England abzutreten. Preußen, Österreich und Sachsen behielten die Vorkriegsgrenzen. 40

27 *Ackernahrung* – Bauernwirtschaft, die so viel Boden und landwirtschaftliche Geräte besaß, daß sich die Bauernfamilie, ohne selber Lohnarbeit zu leisten oder fremde Arbeitskräfte zu beschäftigen, von den eigenen Erträgen ernähren konnte. 40

28 »Staat der Intelligenz« – ein sprichwörtlich gewordener Ausdruck, mit dem der preußische Staat bezeichnet und der häufig im ironischen Sinne gebraucht wurde; zurückzuführen ist dieser Ausdruck auf den von Hegel in seiner Antrittsrede zu den Vorlesungen über die Geschichte der Philosophie an der Heidelberger Universität am 28. Oktober 1816 gemachten Ausspruch, daß gerade der preußische Staat auf Intelligenz gebaut sei. 40

29 August Meitzen, »Der Boden und die landwirthschaftlichen Verhältnisse des Preussischen Staates nach dem Gebietsumfange vor 1866«, Bd. 1, Berlin 1868. 41

30 *»Neue Rheinische Zeitung. Organ der Demokratie«* (Köln) – erste selbständige Tageszeitung des Proletariats, herausgegeben unter Leitung von Marx vom 1. Juni 1848 bis 19. Mai 1849; Redakteure waren Engels, Wilhelm Wolff, Ferdinand Wolff, Georg Weerth, Ernst Dronke und Ferdinand Freiligrath; sie war das Kampforgan des linken Flügels der demokratischen Bewegung und das politisch-ideologische Zentrum des Bundes der Kommunisten während der Revolution 1848/49. 42

31 Engels zitiert den Bericht der Agrarkommission der preußischen Zweiten Kammer zu dem Entwurf des Gesetzes über die Ablösung der Feudallasten, das am 2. März 1850 erlassen wurde. Der Bericht war der Kammer auf der Sitzung vom 23. November 1849 zur Diskussion vorgelegt worden (»Stenographische Berichte über die Verhandlungen der durch die Allerhöchste Verordnung vom 30. Mai 1849 einberufenen Zweiten Kammer«, Neunundfünfzigste Sitzung, 23. November 1849). Die Hervorhebung stammt von Engels. 43

32 Engels bezieht sich hier auf zwei Tabellen aus dem Buch von Meitzen. Die erste Tabelle enthält die Ergebnisse der Ablösungsoperationen aus der Zeit von 1816 bis 1848, die zweite die aus der Zeit von 1816 bis Ende 1865. 43

33 Engels' Streitschrift *»Die Bauernfrage in Frankreich und Deutschland«* ist eines der bedeutendsten Dokumente des Marxismus zur

Bündnis- und Agrarfrage. In der Auseinandersetzung mit den Opportunisten, die die Grundsätze des wissenschaftlichen Kommunismus angriffen, wies Engels nach, daß die Frage des Bündnisses der Arbeiterklasse und der Bauernschaft nur unter dem Aspekt der historischen Mission der Arbeiterklasse richtig zu beantworten ist. Er konzentrierte sich in seiner Schrift in erster Linie darauf, die sozialistische Perspektive der Landwirtschaft herauszuarbeiten. Engels entwickelte jene Grundsätze der sozialistischen Landwirtschaftspolitik, an die Lenin direkt anknüpfte, als er den Plan der sozialistischen Umgestaltung der Landwirtschaft in der Sowjetunion ausarbeitete, und die später in der DDR und anderen sozialistischen Ländern erfolgreich angewandt wurden. 45

34 Louis Bonaparte, der spätere Kaiser Napoleon III., hatte als Neffe Napoleons I. unter den Bauern große Sympathien. Diese sahen in Napoleon I. den Verteidiger ihrer Errungenschaften aus der Französischen Revolution gegen die feudal-monarchistische Restauration, wobei sie übersahen oder vergaßen, daß er im wesentlichen die Interessen der in der Revolution reich gewordenen Großbourgeoisie vertreten hatte. 47

35 Der 10. Kongreß der französischen Arbeiterpartei fand vom 24. bis 28. September 1892 in Marseille statt. Er befaßte sich u. a. mit der Arbeit der Partei auf dem Lande und nahm ein Agrarprogramm an, das eine Reihe konkreter Forderungen enthielt, die den Interessen des Landproletariats und der Kleinbauern entsprachen. Es enthielt jedoch auch einige Abweichungen von den sozialistischen Prinzipien und gewisse Zugeständnisse an kleinbürgerliche Tendenzen der Bauernschaft und selbst an die Interessen der wohlhabenden ausbeutenden Schichten. 51

36 Vom 14. bis 16. September 1894 fand in Nantes der 12. Kongreß der französischen Arbeiterpartei statt. Der wichtigste Beschluß des Kongresses war die Annahme der theoretischen Motivierung für das Agrarprogramm und die Zusätze zum Programm.

Engels übersetzte die im vorliegenden Aufsatz zitierten Stellen aus der Motivierung und den ergänzenden Forderungen offensichtlich selbst aus dem Französischen. Deshalb stimmen diese Zitate nicht wörtlich überein mit der deutschen Übersetzung des Programms, die »Der Sozialdemokrat« in der Beilage der Nr. 38 vom 18. Oktober 1894 veröffentlichte. 53

37 Das *Schwitzsystem* (engl.: sweating system) oder Akkordmeistersystem ist eine besonders raffinierte Form der Stücklohnzahlung im

Kapitalismus. Der Kapitalist schließt mit dem Meister oder einer anderen Zwischenperson Verträge über die Höhe des Lohns, während dieser nach seinem Ermessen den Lohnanteil für die einzelnen Arbeiter und für sich selbst festsetzt. 55

38 Die Zahlenangaben sind dem Vortrag von Robert Giffen »Recent accumulations of capital in the United Kingdom« entnommen, der am 15. Januar 1878 in der Statistical Society gehalten und im Londoner »Journal of the Statistical Society«, März 1878, abgedruckt wurde. 60

39 In ihrem Bestreben, die sozialistische Arbeiterbewegung in ihrem Vormarsch aufzuhalten und die eigene Herrschaft zu erhalten, benutzte Ende des 19. Jahrhunderts die Bourgeoisie die *antisemitische Demagogie* als Mittel, die Arbeiterbewegung zu schwächen. Da sich auch jüdische Arbeiter und Intellektuelle der Arbeiterbewegung angeschlossen hatten und einige von ihnen eine hervorragende Rolle im Kampf um die Befreiung des Proletariats und aller anderen Werktätigen spielten, versuchte sie, Keile in die Arbeiterbewegung zu treiben. Andererseits war die Bourgeoisie bestrebt, mit antisemitischen Parolen Unterstützung im Kleinbürgertum zu erlangen, wo Neid auf den jüdischen Konkurrenten weit verbreitet war. Diese Agitation sollte vor allem dazu führen, für wirtschaftliche Schwierigkeiten das »jüdische Kapital« verantwortlich zu machen. Auf dem Lande betrieb der ehemalige Schuldirektor Hermann Ahlwardt mit antisemitischen Parolen Bauernfängerei übelster Art. Es entstanden verschiedene antisemitische Bewegungen und Parteien: die Deutschsoziale Partei (1889), die Antisemitische Volkspartei (1890) und die Deutschsoziale Reformpartei (1894). 63

40 Das Referat von Paul Lafargue erschien im »Sozialdemokrat« vom 18. Oktober 1894 unter dem Titel »Das bäuerliche Eigenthum und die wirthschaftliche Entwickelung. Referat auf dem Kongreß von Nantes im Namen des Nationalraths der Arbeiterpartei«.

»Der Sozialdemokrat« (Berlin) – Wochenblatt, erschien von April 1894 bis 1895; Organ der Sozialdemokratischen Partei Deutschlands. 67

41 *sieben altpreußische Provinzen* – gemeint sind die Provinzen Ostpreußen, Westpreußen, Posen, Brandenburg, Schlesien, Pommern und Sachsen. 70

42 In dieser Polemik setzt sich Engels mit utopistischen Thesen über die Aufhebung des Gegensatzes von Stadt und Land auseinander,

wie sie der Proudhon-Schüler Arthur Mülberger in seiner Schrift »Die Wohnungsfrage. Eine sociale Skizze«, Leipzig 1872, entwickelt hatte. 73

43 »Zur Wohnungsfrage. (Antwort an Friedrich Engels von A. Mülberger).« In: »Der Volksstaat«, Nr. 86 vom 26. Oktober 1872. 75

Personenverzeichnis

Leonhardt, Gerhard Adolf Wilhelm (1815–1880) Jurist und reaktionärer Staatsmann, Justizminister von Hannover (1865/1866) und von Preußen (1867–1879). 17

Liebig, Justus Freiherr von (1803–1873) Chemiker; Mitbegründer der Agrikulturchemie. 75

Manteuffel, Otto Theodor Freiherr von (1805–1882) preußischer Staatsmann; Vertreter der reaktionären Adelsbürokratie; Innenminister (November 1848 bis Dezember 1850), Ministerpräsident und Außenminister (1850–1858). 42

Marx, Karl (1818–1883). 69 76

Meitzen, August (1822–1910) Statistiker, Historiker und Nationalökonom; verfaßte eine Reihe von Schriften zur Geschichte der Agrarverhältnisse in Deutschland. 41 43 44

Mülberger, Arthur (1847–1907) Arzt, kleinbürgerlicher Publizist, Proudhonist. 75 76 78

Napoleon I. Bonaparte (1769–1821) Kaiser der Franzosen (1804–1814 und 1815). 24 39 47

Proudhon, Pierre-Joseph (1809–1865) französischer Publizist, Soziologe und Ökonom, Ideologe des Kleinbürgertums, ein theoretischer Begründer des Anarchismus. 76 78

Schulze-Delitzsch, Franz Hermann (1808–1883) kleinbürgerlicher Ökonom und Politiker; gehörte in den sechziger Jahren zu den Führern der Fortschrittspartei; versuchte die Arbeiter durch Organisierung von Genossenschaften vom revolutionären Kampf abzuhalten. 75

Stumm-Halberg, Karl Ferdinand Freiherr von (1836–1901) Großindustrieller, Konservativer; erbitterter Feind der Arbeiterbewegung. 70

Tacitus (Publius Cornelius Tacitus) (etwa 55–120) römischer Geschichtsschreiber. 10 13

Wolff, Wilhelm (1809–1864) Lehrer und Publizist, proletarischer Revolutionär; 1834 bis 1839 in preußischen Kerkern in Haft; seit 1846 in Brüssel, Mitbegründer des Bundes der Kommunisten; seit März 1848 Mitglied seiner Zentralbehörde; 1848/1849 Redakteur der

»Neuen Rheinischen Zeitung«, Mitglied der Frankfurter Nationalversammlung (äußerste Linke); emigrierte Juli 1849 in die Schweiz, Mitte 1851 nach England; enger Freund und Kampfgefährte von Marx und Engels. 31 41 42

Inhalt

Abbildungen